Gisela Thimm

Ein bunter Strauß von Predigten

Gisela Thimm

Ein bunter Strauß von Predigten

– Berufserfahrung wird zur Predigt

Fromm Verlag

Impressum/Imprint (nur für Deutschland/ only for Germany)
Bibliografische Information der Deutschen Nationalbibliothek: Die Deutsche Nationalbibliothek verzeichnet diese Publikation in der Deutschen Nationalbibliografie; detaillierte bibliografische Daten sind im Internet über http://dnb.d-nb.de abrufbar.

Coverbild: www.ingimage.com

Contact:
International Book Market Service Ltd., 17 Rue Meldrum, Beau Bassin, 1713-01 Mauritius
Website: www.bookmarketservice.com
Email: info@bookmarketservice.com

Gedruckt in: USA, UK, Deutschland. Dieses Buch wurde nicht in Mauritius produziert.

Imprint (only for USA, GB)
Bibliographic information published by the Deutsche Nationalbibliothek: The Deutsche Nationalbibliothek lists this publication in the Deutsche Nationalbibliografie; detailed bibliographic data are available in the Internet at http://dnb.d-nb.de.

Cover image: www.ingimage.com

Contact:
International Book Market Service Ltd., 17 Rue Meldrum, Beau Bassin, 1713-01 Mauritius
Website: www.bookmarketservice.com
Email: info@bookmarketservice.com

Printed in: U.S.A., U.K., Germany. This book was not produced in Mauritius.

ISBN: 978-3-8416-0140-7

Vorwort

Dieser bunte Strauß von Predigten enthält eine Auswahl aus meinen Aktivitäten als Laienpredigerin der Evangelisch-methodistischen Kirche (EmK) und aus meiner Mitarbeit beim Evangeliums-Rundfunk (ERF), überwiegend in der Sendereihe „Bibel heute".

Als der Fromm Verlag durch Frau Claudia Kaiser an mich herantrat mit dem Angebot, meine Predigten zu veröffentlichen, war ich zunächst total überrascht, denn es fehlt ja in der theologischen Literatur wirklich nicht an guten Predigtsammlungen. „Laienprediger" bzw. „Prädikanten" sind jedoch darunter die Ausnahme. Deshalb habe ich nach kurzer Überlegung dieses Angebot gern angenommen.

Im Verkündigungsdienst der methodistischen Kirche haben Laienprediger schon seit Beginn der methodistischen Bewegung unter dem anglikanischen Pfarrer John Wesley im 18. Jahrhundert ihren festen Platz. Er sorgte persönlich für ihre Ausbildung und überwachte ihren Dienst mit großem Ernst. Ich rechne es ihm hoch an, dass er sich sogar dazu durchrang, in besonderen Fällen auch befähigten Frauen die Erlaubnis zum Predigen zu erteilen, denn er erkannte: „Wer bin ich, dass ich dem Heiligen Geist vorschreiben will, wie und durch wen er zu wirken hat!"

Laienprediger und Laienpredigerinnen sind ehrenamtlich tätig und bringen ihre Erfahrungen aus ganz unterschiedlichen Berufen ein. Das gibt den Predigten in unserer Kirche eine große Spannweite, die durchweg als Bereicherung angesehen wird.

Ich selbst komme aus der Krankenpflege, und da ich überwiegend in leitenden Stellungen tätig war, ist mir kaum ein Problem in den zwischenmenschlichen Beziehungen fremd. Ich glaube deshalb, dass die Beispiele in meinen Predigten für viele Menschen unserer Zeit gut nachvollziehbar sind. Nicht weniger wichtig ist mir die theologische Seite meiner Predigten. Eine Predigt sorgfältig zu erarbeiten ist jedes Mal eine positive Herausforderung, die mir Freude macht und durch die ich selbst immer wieder neue Gesichtspunkte entdecke, die ich gern weitergebe.

Meine Qualifikation zur Laienpredigerin erhielt ich durch eine dreijährige nebenberufliche Ausbildung (1993 – 1996) – ergänzt durch regelmäßige Fortbildungen und durch ein ständiges intensives Eigenstudium.

Besonders dankbar bin ich Altbischof Dr. Walter Klaiber von der Evangelisch-methodistischen Kirche, dem es in seinen Büchern immer wieder überzeugend gelingt, auch schwierige theologische Themen klar und verständlich überzubringen. Davon habe ich viel profitiert.

Es ist mein größter Wunsch, mit meinen Predigten meinen Glauben an Jesus Christus zu bezeugen, und ich lade Sie dazu ein, mich auf diesem Weg zu begleiten.

Bonn, im Juli 2011

Gisela Thimm

Inhaltsverzeichnis

„Kommt und seht!“ – Mit Jesus unterwegs ...

Predigten im weiteren Jahresablauf

Ein neuer Blick auf drei schwierige Gleichnisse

Zum Ausklang

1. Die Bergpredigt – ein „Einführungskurs“

Meine erste Predigt auf dem Weg zur Laienpredigerin im August 1993

Predigttext: Matthäus 7, 24 – 27 (rev. Lutherübersetzung 1984)
Abschluss der Bergpredigt – Das Gleichnis vom Hausbau

Darum, wer diese meine Rede hört und tut sie, der gleicht einem klugen Mann, der sein Haus auf Fels baute. Als nun ein Platzregen fiel und die Wasser kamen und die Winde wehten und stießen an das Haus, fiel es doch nicht ein; denn es war auf Fels gegründet.

Und wer diese meine Rede hört und tut sie nicht, der gleicht einem törichten Mann, der sein Haus auf Sand baute. Als nun ein Platzregen fiel und die Wasser kamen und die Winde wehten und stießen an das Haus, da fiel es ein, und sein Sturz war groß.

„Wer diese meine Rede hört und tut sie ...“

Wie leicht Reden, Hören und Tun auseinanderklaffen, habe ich oft genug in meiner früheren Tätigkeit als Unterrichtsschwester erfahren müssen. Ich habe mehr als 20 Jahre lang Krankenpflegeschüler/innen ausgebildet, ehe ich vor einigen Jahren in die Pflegedienstleitung überwechselte.

Besonders dankbar waren immer die Einführungskurse zu Beginn der dreijährigen Ausbildung. Hier konnte man noch so richtig aus dem Vollen schöpfen.
Die Schülerinnen waren meistens froh, dass ihr erwählter Berufsweg endlich begann und in dieser Phase besonders aufgeschlossen und interessiert. Ich habe mich deshalb von Anfang an bemüht, mehr als nur sachlichen Lehrstoff zu vermitteln. Die meisten jungen Menschen waren bisher selbst noch kaum mit Krankheit, Leid und Tod in Berührung gekommen und mussten zunächst behutsam und taktvoll an den Umgang mit kranken Menschen herangeführt werden.

So ein Einführungskurs bietet außerordentlich gute Möglichkeiten, Lehrstoff und zwischenmenschliche Fragen miteinander zu verbinden. Durchweg haben wir sehr ernsthaft miteinander gearbeitet, und nach 4 Wochen merkte man richtig, wie alle darauf brannten, endlich in die Praxis entlassen zu werden.

Ein guter Same war gelegt, die wichtigsten Anforderungen klar umrissen –
und was wurde daraus? Meine Erfahrungen sind recht zwiespältig.

Auf den Krankenstationen wurde den Neuen zunächst einmal klar gemacht, dass Theorie und Praxis gründlich auseinanderklaffen. Im Anfang haben wir über dieses Problem noch eifrig diskutiert. Später hieß es oft nur noch: „Wir haben keine Zeit, es besser zu machen." Und ich muss gestehen, wenn ich mich selbst einmal mit in die Praxis einschaltete, dass ich sehr aufpassen musste, nicht in alte Gewohnheiten, von denen ich mich längst distanziert hatte, zurückzufallen.

Ist nicht die Bergpredigt, die am Anfang von Jesu Wirken auf dieser Erde steht, mit einem ‚Einführungskurs' zu vergleichen, der uns auf ein Umsetzen unseres Glaubens in die Praxis vorbereitet?

Es handelt sich dabei nicht um eine einzige große Rede, die in ihrer Fülle wahrscheinlich auch bessere Zuhörer als wir es heute sind, überfordert hätte. Jesus kennt unsere Grenzen auch in Bezug auf unsere Aufnahmefähigkeit. Es schmälert die Botschaft nicht, dass Matthäus Jesu Worte erst nachträglich zu einer großen Rede zusammengefügt hat. Noch nie zuvor ist den Menschen mit einer solchen Vollmacht Gottes Wille und Gottes Liebe nahegebracht worden. Noch nie wurden sie selbst so konsequent mit einbezogen in Gottes Herrschaft – einfache Durchschnittsmenschen wie du und ich, ja mehr noch: auch wir sind heute genauso angesprochen wie damals Jesu Zeitgenossen.

Und Jesu Rede bleibt nicht Theorie. Er selbst steigt vom Berg herab mitten in die Praxis hinein. Der erste, der seinen Weg kreuzt, ist ein Aussätziger, und wir erleben wie sein Wort zur Tat wird – ohne jedes Zögern.

Es wäre reizvoll und logisch, nun die ganze Bergpredigt noch einmal rückwärts aufzurollen und von Satz zu Satz zu fragen, welches Tun Jesus von uns konkret erwartet. Dass dies bei 111 außerordentlich konzentrierten, inhaltsreichen Versen jeden Rahmen sprengen würde, versteht sich von selbst. Schließlich füllen die Kommentare zur Bergpredigt heute schon ganze Bibliotheken. Ihre Vielseitigkeit und Spannweite ist schon außergewöhnlich – von den Seligpreisungen am Anfang bis zu den ernsten Gerichtsworten am Schluss. Dazwischen so wunderbare Aussagen wie „Ihr seid das Salz der Erde, das Licht der Welt ..." oder Jesu Aufruf: „Sorget nicht!". Jesus lehrt uns seine konsequente Einstellung zu den Geboten bis hin zu jener übergreifenden Liebe, die auch den Feind einbezieht, und an zentraler Stelle schenkt er uns das Vater-Unser-Gebet.

In den letzten Versen der Bergpredigt werden wir nun zur Entscheidung aufgerufen, unser Haus auf festen Felsengrund zu stellen oder stattdessen auf Sand.

Dass dieses Gleichnis bis heute nichts von seiner Anschaulichkeit und Aktualität verloren hat, wird mir immer deutlich, wenn ich mit meiner Familie in England auf einer ziemlich unbekannten Inselgruppe im Atlantik, den Scilly-Inseln, Urlaub mache. Jede der 5 bewohnten Inseln hat ihren felsigen Anteil aus Granit und daneben ihre Sandstrände. Da Jahr für Jahr mit schweren Sturmfluten zu rechnen ist, ist relativ klar, wo und wie man seine kleinen Häuser baut und befestigt, und wer sich nicht daran hält, hat in wenigen Jahren tiefe Setzsrisse in den Wänden. Mir wurden solche Beispiele gezeigt.

Als wir vor einigen Jahren hier in Deutschland unsere schweren Winterstürme hatten, schrieb ich unseren Freunden, dass wir besorgt an sie gedacht hätten. Wenn bei uns der Sturm schon so wütet, wie schlimm mag es dann erst auf den Scilly-Inseln gewesen sein!

Die Antwort verblüffte mich: „Wir haben uns viel mehr Sorgen um euch gemacht, denn wir sind gewohnt, mit dem Sturm zu leben. Deshalb hielt sich der Schaden in Grenzen. Viel schlimmer ist es sicher bei euch, denn ihr seid ja gar nicht richtig darauf vorbereitet!“
Wir müssen uns tatsächlich fragen lassen: Wissen wir überhaupt, wie fest unser Halt ist? Worauf wir gebaut haben?

Ich möchte noch etwas in der Bildersprache bleiben:

Wir wohnen in einem Haus, das von uns unbekannten, einfachen Leuten vor etwa 100 Jahren gebaut wurde. Wir haben es renoviert und umgebaut und an guten Baumaterialien nicht gespart, so dass Freunde schon gespottet haben, ob wir für die Ewigkeit bauen wollen. Als wir jedoch eines Nachts von einem völlig unerwarteten leichten Erdbeben geweckt wurden, an das Sie sich sicher auch noch erinnern, da habe ich mich doch beklommen gefragt, wie fest eigentlich unsere Fundamente sind, zu denen wir ja nichts selbst beigetragen haben. Es sind nur ein paar Fliesen gerissen. Aber was wäre geworden, wenn das Beben länger gedauert hätte?

Und plötzlich ist für mich dieses Gleichnis lebendig: Ob Einsturz oder nicht hängt an erster Stelle von den Fundamenten ab, und wenn Unwetter, Beben und Stürme kommen , wenn sich unser Leben in schweren Krisen bewähren muss – dann ist es zu spät, erst Vorsorge zu treffen.

Mein Mann versucht immer wieder, Überzeugungsarbeit zu leisten, wenn jemand auf seinem Grundstück – z. B. im Garten – Treppenstufen verlegt und es nicht für nötig hält, die Fundamente bis zur Frostgrenze zu graben. Da wird dann um jeden

Zentimeter Tiefe diskutiert. Wer denkt im Sommer schon gern an Frost und Feuchtigkeit im Winter! Erst wenn die Stufen sich dann heben, wackeln oder reißen oder gar jemand ein Bein bricht, kommt die späte Einsicht.

Ist durch unsere Halbherzigkeit vielleicht auch schon einmal jemand zu Schaden gekommen?

Auf den Scilly-Inseln sahen wir eine Weile einem Arbeiter zu, der dabei war, eine mehr als fragwürdige primitive Treppenkonstruktion an einer abschüssigen Stelle direkt in den Sand zu verlegen und mit Erde aufzufüllen. Damit sollte ein holpriger Weg umgangen werden, der für ältere Menschen beschwerlich war. Aber ein paar Regentage reichten aus, um die ganze Konstruktion abrutschen zu lassen.

Ehe wir über so viel Naivität den Kopf schütteln, sollten wir einmal darüber nachdenken, wie viele Menschen im übertragenen Sinne „Halt im Sand" suchen und oft nach sehr banalen Büchern zur besseren Lebensbewältigung greifen. Die Titel klingen oft großartig, erfüllen aber nur selten die Erwartungen, die dadurch geweckt werden. Enttäuscht sucht man weiter nach etwas, das wirklich trägt.

Wäre die Bergpredigt eine Alternative? Leider wird sie oft in Aktionsprogramme gepresst und so weitergegeben, dass sie unerfüllbar, weltfremd, widersprüchlich, ja mitunter sogar abschreckend wirkt.

John Wesley drückt das in seinem Buch „Allein dieser Weg" sehr direkt aus:

„Prediger, die meinen, es besser zu wissen als ihr Meister, begehen eine ungeheure Anmaßung: Es bedeutet, unserem Herrn ins Angesicht zu sagen, dass er es nicht verstanden habe, die Botschaft weiterzugeben, mit der er vom Vater beauftragt war."

Wer allerdings die ganze Bergpredigt als ein großes Schwerarbeitsprogramm sieht, missversteht sie. Es gibt von vornherein eine ganze Menge Forderungen, die mir nicht schwerfallen. Darauf brauche ich nicht besonders stolz zu sein. Es mag an meinen Anlagen oder meinem Temperament liegen oder – wie John Wesley es ausdrückt – einfach nur „bürgerliche Wohlanständigkeit" sein. Aber da sind eben auch die Punkte, die mir immer wieder schwer fallen, in die Praxis umzusetzen – und Jesus soll doch von den Seinen mehr erwarten dürfen als nur „bürgerliche Wohlanständigkeit".

Sehen wir uns dazu noch einige Beispiele aus der Bergpredigt etwas genauer an:

Für mich wäre es z. B. kein Problem, wenn ich fasten sollte. Es gibt immer wieder Tage, an denen ich das Essen fast vergesse und es erst abends merke. Wenn ich aber in der Klinik für Stoffwechselerkrankungen, in der ich arbeite, sehe, wie schwer sich manche Übergewichtigen mit ihrer Reduktionskost tun, wie ihnen mit ein paar Kalorien weniger bald alle Lebensfreude vergeht, dann weiß ich, dass für sie Fasten eine große Leistung wäre.

Ich müsste ernsthaft überlegen, ob ich Feinde habe, die ich in meine Liebe einbeziehen sollte. Aber ich bin in meinem Beruf täglich gefragt, wer aus meinem Mitarbeiterkreis heute „mein Nächster" ist und besondere Zuwendung braucht.

Ich bin dankbar, dass ich eine gute Ehe führen darf. Dadurch entfällt für mich viel Konfliktstoff. Wer aber seine Ehe scheitern sieht – und wir wissen, wie groß diese Problematik heute ist – der wird an Jesu Ausführungen über die Unauflöslichkeit der Ehe nicht vorbeikommen und sollte sie mehr als einmal lesen. Wenn eine Ehe aber zerbrochen ist, so ist jede weitere Entscheidung auch an jener übergreifenden Liebe zu messen, die die Bergpredigt lehrt: Was bedeutet unter Umständen die größere Liebe: das Festhalten an einem Menschen (um jeden Preis) oder das Loslassen (können)? Diese Frage ist schwer von außen zu beantworten.

Es beeindruckt mich, dass für meinen Mann das Wort aus der Bergpredigt „Eure Rede sei ein klares Ja oder Nein, alles andere ist von Übel" eine wichtige Richtschnur ist. Ich muss mich in meinem Beruf oft für ein „Sowohl als auch" entscheiden, um Spannungen auszugleichen. **Was Jesus aber von uns gleichermaßen will, ist absolute Zuverlässigkeit.**

Wenn wir in diesem Sinne die Bergpredigt für uns persönlich durchbuchstabieren, dann erschlägt sie uns nicht mit ihren Forderungen, bewahrt uns aber auch vor Selbstgerechtigkeit.

Kommen wir zum Schluss noch einmal auf unser Gleichnis zurück:

Ich glaube, es ist kein Zufall, dass der törichte Hausbauer, dessen Lebensgebäude zusammenstürzt, erst an zweiter Stelle genannt wird. An erster Stelle steht Jesu Angebot, im Hören und Tun seines Wortes ganz nahe mit ihm verbunden zu sein.

Wenn wir uns darauf einlassen, erfahren wir, dass Jesus unserem Leben Halt gibt und dass wir einen ganz neuen Blick für unsere Mitmenschen im Alltag gewinnen.

Gott schenke uns, dass wir für sie glaubwürdig sind.

2. „Kommt und seht!“

Jesus kennenlernen

Predigttext:

Johannes 1, 35 – 42 (rev. Lutherübersetzung 1984)

Am nächsten Tag stand Johannes der Täufer abermals am Jordan und zwei seiner Jünger;

und als er Jesus vorübergehen sah, sprach er: Siehe, das ist Gottes Lamm!
und die beiden Jünger hörten ihn reden und folgten Jesus nach.

Jesus aber wandte sich um und sah sie nachfolgen und sprach zu ihnen:
Was sucht ihr?

Sie aber sprachen zu ihm: Rabbi – das heißt „Meister“ – wo ist deine Herberge?

Er sprach zu ihnen: ***Kommt und seht!***
Sie kamen und sahen's und blieben diesen Tag bei ihm. Es war aber um die zehnte Stunde.

Einer von den zweien, die Jesus gehört hatten und Jesus nachgefolgt waren, war Andreas, der Bruder des Simon Petrus.

Der findet zuerst seinen Bruder Simon und spricht zu ihm:
Wir haben den Messias gefunden! – das heißt übersetzt „der Gesalbte“.

Und er führte ihn zu Jesus

Der Schreiber des Johannes-Evangeliums ist immer für eine Überraschung gut. Das zeigt auch unser heutiger Predigttext, der von den Berichten der Evangelisten Matthäus, Markus und Lukas in mehreren Punkten erheblich abweicht.

Wenn Sie Zeit haben, sollten Sie sich diese verschiedenen Berufungsgeschichten einmal in aller Ruhe nebeneinander durchlesen.

Bei Matthäus, Markus und Lukas geht die Initiative allein von Jesus aus. Seine Vollmacht steht im Mittelpunkt. Jesus ruft dort seine zukünftigen Jünger mitten aus ihrem Alltag heraus: „Folget mir nach!“ und sie lassen ihren Beruf, ihre Boote und ihre Angehörigen zurück und schließen sich Jesus an.

Das Johannes-Evangelium setzt dagegen ganz neue Schwerpunkte; denn hier stehen gleich drei Personengruppen sozusagen ‚gleichberechtigt’ nebeneinander:

Johannes der Täufer, die beiden Jünger und Jesus selbst.

Von allen dreien gehen in diesem Bericht wichtige Impulse aus, die auch für uns heute noch wertvoll sind.

Die Handlung beginnt mit Johannes dem Täufer, der hier die Initiative ergreift.

Er zeigt seinen eigenen Jüngern den Weg zu Jesus – auch auf die Gefahr hin, dass er damit zwei seiner tüchtigsten Mitarbeiter verlieren wird. Das ist gar nicht so selbstverständlich. Im richtigen Augenblick loslassen zu können, dazu gehört charakterliche Größe.

Mein Mann erzählt oft von einem ehemaligen Hauptabteilungsleiter, der ein sehr angenehmer Vorgesetzter war. Er hatte nur einen Fehler: Er verhinderte immer wieder, dass gute Mitarbeiter seine Abteilung verließen, um beruflich weiterzukommen. Er verbaute ihnen regelrecht die Chance, auf der Karriereleiter den nächsten Schritt zu erreichen. Seine Abteilung war dadurch gleichbleibend gut und homogen, aber der Preis war hoch, und das sprach sich auch herum.

Aus meinem früheren Berufsleben kenne ich ähnliche Beispiele.

Und wie sieht es in unseren Familien aus?

Wie schwer fällt es vielen Eltern, ihre Kinder freizugeben, wenn der Zeitpunkt kommt, dass sie eine eigene Familie gründen wollen, die dann absoluten Vorrang hat. Sind wir mit dem Schwiegersohn oder der Schwiegertochter nicht einverstanden, ist das natürlich besonders hart. Aber auch, wenn unsere Kinder sich verbessern können und einen sozialen Aufstieg erreichen, sind die Befürchtungen, sie zu verlieren, mitunter groß.

Wenn wir nicht bereit sind, Menschen, die uns nahe stehen, ihre eigenen Wege gehen zu lassen, richten wir wahrscheinlich mehr Schaden als Nutzen an. In der Psychologie spricht man von sogenannten „Klammereffekten“. Zur echten Liebe gehört eben auch das Loslassenkönnen.

Das Verhalten Johannes des Täufers ist in diesem Sinne vorbildlich.

Natürlich ist es nicht nur der eine Satz: „Seht, das Lamm Gottes!“, mit dem er seine Jünger an Jesus verweist, sondern sein ganzes Wirken, sein großes Engagement für das zukünftige Gottesreich steht von vornherein unter dem Vorzeichen, dass ein Größerer nach ihm kommen wird. Das hat Johannes immer betont.

Aber wenn es dann tatsächlich so weit ist? Wenn der Zeitpunkt kommt, an dem man zurücktreten muss? Wenn einen die ersten Jünger verlassen?

Das ist auch einem Johannes sicher nicht leicht gefallen.

Jesus hätte dem Täufer jetzt natürlich alles aus der Hand nehmen können wie es oft in unserem Berufsleben geschieht nach dem Motto: ‚Jetzt bin ich da, jetzt hast du nichts mehr zu sagen!’

Aber das ist nicht Jesu Art. Eine Zeitlang wirken beide noch parallel ohne Konkurrenten zu sein.

Jesus hat sogar immer mit großer Hochachtung von dem Täufer gesprochen, und die Evangelisten Matthäus und Markus berichten sogar, dass Jesus seine ersten Jünger erst berief, als Johannes bereits im Gefängnis war. *„Er muss wachsen, ich aber muss abnehmen“,* das ist das letzte Zeugnis, das uns im Johannes-Evangelium von Johannes dem Täufer überliefert wird.

„Loslassen-Können“ ist ein weites Feld. Ich denke z. B. an eine unserer methodistischen Gemeinden, die sich die Entscheidung nicht leicht gemacht, ihre Gemeindearbeit einzustellen. Da sind noch viele Wunden offen.
‚Loslassen’ kann aber auch für jeden von uns persönlich bedeuten, Aufgaben abzugeben, weil die eigene Kraft nicht mehr reicht oder weil man einsehen muss, dass es andere besser machen. In einer Gemeinde wird ‚Loslassen-Können’ immer wieder gefordert, und es ist wichtig, dass wir es dabei nicht an Fingerspitzengefühl fehlen lassen. Wir haben in unserer Gemeinde allerdings auch immer wieder erlebt, dass junge Menschen, die sich mit viel Schwung eingebracht haben, aus beruflichen Gründen weggingen, und ihre Lücke war oft sehr schwer zu schließen.

Versetzen wir uns nun einmal in die Situation der beiden Jünger des Täufers, die kurz entschlossen hinter Jesus herlaufen – wahrscheinlich zwei junge Männer voller Neugier und voller Erwartungen. Sie ergreifen die Chance, die ihnen durch das Zeugnis des Täufers geboten wird.

Wenn er die beiden Jünger nicht auf Jesus hingewiesen hätte, wäre Jesus diesmal wahrscheinlich unerkannt vorübergegangen, und wenn die beiden nicht sofort reagiert hätten und Jesus gefolgt wären, hätten sie Jesus vielleicht erst viel später kennengelernt.

Im Johannes-Evangelium wenden sich die beiden Jünger an Jesus und sprechen ihn ehrfurchtsvoll mit „Rabbi“ an – ein Titel, der eigentlich nur studierten Theologen zustand. Es entsprach der damaligen Sitte, dass ein zukünftiger Jünger den Meister bittet, in seine Lehre zu gehen – nicht umgekehrt, wie es die anderen Evangelisten berichten.

Beide Wege zu Jesus sind möglich – damals wie heute. Auch heute fühlen sich Menschen von Jesus direkt in seinen Dienst berufen, während andere durch Christen, die ihren Glauben ernst nehmen, angesprochen werden. Entscheidend ist, dass wir bereit sind, uns auf Jesus einzulassen und die guten Erfahrungen, die wir an seiner Seite machen, anderen weitergeben, wie es die ersten Jünger hier spontan getan haben. In unserem Predigttext heißt es: *Andreas findet zuerst seinen Bruder Simon und spricht zu ihm: „Wir haben den Messias gefunden“, und er führte ihn zu Jesus.* Hier wird ein Jünger zum Vorbild für seine Nachwelt.

Interessanterweise berichtet der Evangelist Johannes nicht, dass die ersten Jünger Jesu Fischer vom See Genezareth waren. Wahrscheinlich setzte er das als bekannt voraus. Vielleicht hatten die beiden ja schon länger ihre Heimat verlassen, um sich dem Täufer am Jordan anzuschließen.

Nur Andreas wird mit Namen genannt und das gleich mit dem Zusatz, dass er ein Bruder von Simon Petrus war. Wahrscheinlich kannten die Empfänger des Johannes-Evangeliums Petrus besser. Andreas steht ja immer etwas in seinem Schatten, obwohl gerade er es ist, der Petrus zu Jesus führt. –

Und der zweite Jünger, der anonym bleibt?

Die sog. „Alte Kirche“ sah in ihm den Jünger Johannes selbst, dem wir dieses Evangelium verdanken. In den anderen Evangelien wird Johannes nämlich direkt unter den ersten Jüngern, die Jesus berief, genannt.

Man glaubt, dass er sich hier absichtlich nicht mit Namen nennt, weil seine Botschaft wichtiger sein soll als der Bote. Diese Einstellung vertreten übrigens auch die drei anderen Evangelisten. Auch sie nennen sich nicht selbst mit Namen sondern treten ganz hinter ihrem Werk zurück.

Erst im 2. Jahrhundert n. Chr. hat man sich damit nicht mehr zufrieden gegeben, sondern man hat Näheres über die Verfasser der Evangelien wissen wollen und nach ihren Namen geforscht.

Und nun zu Jesus selbst:
Er ist in unserem Predigttext nicht derjenige, der andere sofort vereinnahmt und voll mit Beschlag belegt, sondern er bietet ihnen durchaus die Möglichkeit, ihn zunächst etwas näher persönlich kennenzulernen.

Ich glaube, das macht ihn uns heute besonders sympathisch. Seine erste Begegnung mit seinen zukünftigen Jüngern ist kein bisschen abgehoben. Wenn zwei Menschen hinter uns herlaufen würden, würden wir wahrscheinlich genauso stehen bleiben und fragen: „Wen sucht ihr?".

Darauf die Jünger: „Dich suchen wir. Der Täufer hat uns auf dich aufmerksam gemacht. Wo ist deine Herberge?" Und Jesu schlichte Antwort: „Kommt und seht!" – kurz und herzlich.

Natürlich wäre es jetzt für uns reizvoll, etwas mehr davon zu hören, wie es in Jesu privater Umgebung aussah und wie dieser erste gemeinsame Nachmittag in allen Einzelheiten verlaufen ist. Die Evangelien sind immer sehr sparsam mit solchen Ausschmückungen, denn darauf kommt es nicht an. Nicht das äußere Umfeld, in dem Jesus lebte, ist wichtig, sondern seine persönliche Gegenwart.

Dieses erste Zusammensein mit Jesus muss jedoch so beeindruckend gewesen sein, dass sich die Jünger noch genau an die Uhrzeit erinnern. Die zehnte Stunde ist 4 Uhr nachmittags. Und schon nach dieser ersten Begegnung steht für Andreas fest: Wir haben den Messias gefunden.

Es ist möglich, dass sich ihre Wege noch einmal für kurze Zeit trennten. Nach den Berichten der anderen Evangelisten ging Jesus nach seiner Taufe durch Johannes noch einmal für 40 Tage in die Wüste, um zu fasten und um sich in der Stille auf seinen Dienst vorzubereiten. Erst danach beginnt er sein Wirken in Galiläa, wo er die Jünger am See Genezareth trifft. Jetzt erwartet er allerdings eine klare Entscheidung von ihnen. Seine Aufforderung ist ganz konkret: „Verlasst alles und folgt mir nach!"

Im Johannes-Evangelium wird dagegen berichtet, dass Jesus mit seinen ersten Jüngern sofort nach Galiläa aufbrach und unterwegs weitere Jünger in seine Nachfolge berief.

Es ist kein echtes Problem, wenn die Berichte der Evangelisten mitunter ziemlich von einander abweichen, denn jeder erlebte Jesus auf seine Weise oder hatte andere Quellen, auf die er sich berief. Die Begegnung mit Jesus ist an kein festes Schema gebunden.
Wir würden die Liebe, die uns Jesus schenken will, erheblich einengen, wenn wir

glaubten, Nachfolge müsse immer nach einem bestimmten Plan ablaufen. Wichtig ist einfach, dass wir offen sind für die Begegnung mit Jesus und für ein Leben an seiner Seite.

„Kommt und seht!“ –mit diesen Worten lädt uns Jesus auch heute ein. Er ist der Gastgeber in jedem Gottesdienst und ganz besonders konkret, wenn wir miteinander das Abendmahl feiern. Seine Einladung gilt für alle, die an ihn glauben oder mit ihren Fragen zu ihm kommen und ihn erst richtig kennenlernen wollen.

Als Gemeinde sind wir allerdings berufen, diese Einladung unseres Herrn weiterzugeben und Rahmenbedingungen zu schaffen, die dazu beitragen, dass Fremde nicht gleich wieder enttäuscht wegbleiben. Darüber wollen wir auch in unserem nächsten Hauskreis wieder nachdenken. Wir kennen unsere Unvollkommenheiten als Gemeinde und als Einzelne, aber wir wollen Gott immer wieder um Liebe und Kreativität und vor allem um seinen Segen bitten, um seinem Auftrag gerecht zu werden. Und ich bin sicher, dass wir dabei immer wieder erleben werden: *„Die Freude am Herrn ist unsere Stärke.“*

3. „Zur Nachfolge berufen“

Predigt in der Allianz-Gebetswoche im Januar 2008

Überall, wo heute Veranstaltungen zur Allianz-Gebetswoche stattfinden, geht es um die Frage: Was heißt „Nachfolge“ im Sinne Jesu?

Dafür wurde uns ein Predigttext vorgeben, der zwar sehr bekannt ist, aber immer wieder neue Denkanstöße bietet.

Predigttext:

Matthäus 16, 24–26 und 19,16–26 (rev. Lutherübersetzung 1984)

Jesus sprach zu seinen Jüngern:
Will mir jemand nachfolgen, der verleugne sich selbst und nehme sein Kreuz auf sich und folge mir.
Denn wer sein Leben erhalten will, der wird's verlieren; wer aber sein Leben verliert um meinetwillen, der wird's finden.
Was hülfe es dem Menschen, wenn er die ganze Welt gewönne und nehme doch Schaden an seiner Seele?
Oder was kann der Mensch geben, womit er seine Seele auslöse?

Und siehe, einer trat zu ihm und fragte: Meister, was soll ich Gutes tun, damit ich das ewige Leben habe?
Er aber sprach zu ihm: Was fragst du mich nach dem, was gut ist? Gut ist nur Einer. Willst du aber zum Leben eingehen, so halte die Gebote.
Da fragte er ihn: Welche?
Jesus aber sprach: Du sollst nicht töten; du sollst nicht ehebrechen; du sollst nicht stehlen; du sollst nicht falsch Zeugnis geben; ehre Vater und Mutter (2. Mose 20,12-16)
und du sollst deinen Nächsten lieben wie dich selbst (3. Mose 19,18).

Da sprach der Jüngling zu ihm: Das habe ich alles gehalten; was fehlt mir noch?
Jesus antwortete ihm: Willst du vollkommen sein, so gehe hin, verkaufe alles, was du hast, und gib's den Armen, so wirst du einen Schatz im Himmel haben; und komm und folge mir nach!
Als der Jüngling das Wort hörte, ging er betrübt davon, denn er hatte viele Güter.

Jesus aber sprach zu seinen Jüngern: Wahrlich, ich sage euch: Ein Reicher wird schwer ins Himmelreich kommen. Und weiter sage ich euch: Es ist leichter, dass ein Kamel durch ein Nadelöhr gehe, als dass ein Reicher ins Reich Gottes komme.

Als das seine Jünger hörten, entsetzten sie sich sehr und sprachen: Ja, wer kann dann selig werden?

Jesus aber sah sie an und sprach zu ihnen: Bei den Menschen ist's unmöglich; aber bei Gott sind alle Dinge möglich.

Vor einigen Wochen erhielt ich eine ganz merkwürdige E-Mail, die übrigens an alle Pastoren und Gemeindeleiter der Ev. Allianz gesendet wurde. Der Schreiber, der sich als überzeugter Christ mit einer prophetischen Gabe vorstellte, warnte vor einem schlimmen atomaren Terroranschlag in unserer Region mit unvorstellbaren Folgen – voraussichtlich genau in den Weihnachtstagen. Das Zentrum könnte Köln sein.

Dass Terroranschläge nicht auszuschließen sind, wissen wir, aber auch, dass unser Leben in Gottes Hand steht. Ich habe mir deshalb keine besonderen Sorgen gemacht. Aber ein Satz in diesem Schreiben hat mich doch sehr zum Nachdenken angeregt. Es war ein Aufruf, wenn irgend möglich, unsere Region in diesen Tagen großräumig zu verlassen.

Wen lassen wir zurück, wenn wir uns so einfach davonmachen? Könnte ich mich wirklich mit gutem Gewissen in Sicherheit bringen, um mein eigenes Leben zu retten? Dürfte ich meine alte pflegebedürftige Mutter hilflos in Stich lassen, auch wenn sie schon 93 Jahre alt ist?

Und wahrscheinlich denken auch Sie jetzt sofort an Menschen, für die Sie sich verantwortlich fühlen, und die nicht in der Lage sind, einfach zu fliehen.
Ja, selbst wenn Ihre Hilfe zurzeit nicht konkret gebraucht wird, so kann sich das im Ernstfall doch schnell ändern.

Hier wird für mich unser Predigttext ganz aktuell: Wer sein Leben um jeden Preis retten will, wird es verlieren. Ich würde wahrscheinlich meines Lebens nicht mehr froh. Es bliebe ein Schaden an meiner Seele zurück, der schlimmer sein kann als tatsächlich umzukommen.

Jesus hat Recht:

Wer an seiner Seite bleiben will, kann nicht gleichzeitig davonlaufen.

Noch ein weiteres aktuelles Beispiel: Vor einigen Tagen stand in der Zeitung, dass in Afrika wieder einmal die gefürchtete Ebola-Krankheit ausgebrochen ist – eine hochfieberhafte Erkrankung, die meistens zum Tode führt. In einem Nebensatz hieß es: Es fehlt an Pflegepersonal, da die Krankheit sehr ansteckend ist und es noch keinen Impfstoff gibt. Wem kann man zumuten, sich dieser Gefahr auszusetzen? Diese Entscheidung kann nur jeder von den Mitarbeitern im Pflegedienst persönlich für sich im Gebet treffen. –

Unser Predigttext fällt in die Zeit, in der Jesus mit seinen Jüngern auf seinem letzten Weg nach Jerusalem war, und er fing an, seine Jünger auf seinen Tod am Kreuz vorzubereiten. Petrus wollte ihn davon abhalten, aber Jesus führte ihm und den anderen Jüngern unmissverständlich vor Augen, dass für ihn selbst kein Weg am Kreuz vorbeigeht. Auch für seine Jünger würde das Konsequenzen haben, wenn sie weiter mit ihm gehen wollten. Sie haben die Freiheit, lieber wegzugehen.

Unser Text ist kein Aufruf, den Märtyrertod zu suchen, wohl aber bedeutet das für uns, vor Schwierigkeiten nicht zu kapitulieren. In anderen Ländern mögen die Voraussetzungen anders sein. Es gibt noch erstaunlich viele bedrohte Christen in aller Welt, und wir sind heute hier zusammen, um auch sie in unser Gebet einzuschließen, damit sie ihrem Glauben treu bleiben können. Durchhaltevermögen ist nicht nur eine Frage der persönlichen Tapferkeit, sondern die Kraft und die Bereitschaft dazu muss uns von Gott geschenkt werden. *„Echte Nachfolge ist für Menschen unmöglich, aber bei Gott sind alle Dinge möglich."* Diese Zusage, mit der Jesus am Ende unseres Textes seine erschrockenen Jünger tröstet, steht bereits von Anfang an über jeder Nachfolge, zu der uns Jesus beruft.

Wer in unserem Text nur einen Forderungskatalog sieht, der abschreckend wirkt oder an dem wir abhaken können, wie es um unser Christsein bestellt ist, der missversteht Jesus gründlich. Wir wissen, dass er die Pharisäer und Schriftgelehrten bekämpft hat, weil sie mit ihrer Gesetzesfrömmigkeit den einfachen Menschen Lasten auflegten, die für sie unerfüllbar waren und ihnen den Weg zu Gott versperrten. Jesus ist anders. Er befreit uns nicht von alten Lasten, um uns neue aufzuerlegen. Menschen sind für ihn auch keine Schablonen, sondern die Liebe Gottes, die uns Jesus nahebringt, gilt jedem Menschen ganz persönlich. Er spricht uns an mit unseren Gaben und Fähigkeiten, aber er kennt auch unsere Schwächen und Defizite. Auch seine Jünger berief er nicht nach festen Regeln, sondern auf ganz unterschiedliche persönliche Weise. Es waren durchweg einfache Menschen, für die es eine große Ehre war, einem solchen Meister folgen zu dürfen, und das Leben an seiner Seite wurde für sie zu einer echten positiven Herausforderung. Jesus ließ sie nicht im Unklaren, was für ihn das wichtigste im Leben war: das Wirken für das Reich Gottes. Was sich dahinter verbirgt, hat es in sich; denn das bedeutet, etwas von der Kraft Gottes in dieser Welt sichtbar werden zu lassen und mutlosen, bedrückten und gescheiterten Menschen wieder Hoffnung und neue Orientierung für ihr Leben zu geben – weil Gott sie liebt. Gebeugte richten sich auf, und in müde Augen kommt neuer Glanz. Dazu beizutragen, das ist ein großes Ziel – damals wie heute.

Jesus bezog seine Jünger und seinen erweiterten Mitarbeiterkreis voll in diese Aufgaben ein, und Lukas berichtet sogar, dass ihnen selbst die bösen Geister untertan waren. Solche großartigen Erfahrungen halfen ihnen sicher über viele schwierige Durststrecken hinweg. Jesus sagt sehr nüchtern, dass der Einsatz für das Reich Gottes nicht mit Halbherzigkeit zu leisten ist, und er spricht offen darüber, dass sein Weg auch für ihn selbst hart und unbequem ist. Aber er geht ihn konsequent bis in den Tod. Auch uns gibt er keine unhaltbaren Versprechungen, aber was er zusagt, darauf ist Verlass. Jesus legt Wert auf klare Verhältnisse, und gerade das macht ihn so glaubwürdig. Wenn er uns zur Mitarbeit beruft, dann können wir diesen Auftrag getrost annehmen.

Aber – da ist dieser schwierige Satz:

„Will mir jemand nachfolgen, der verleugne sich selbst und nehme sein Kreuz auf sich.“ – Ist das nicht doch zu viel verlangt?

Wir sind dankbar, dass wir in unserem Land heute so gute Möglichkeiten haben, ein selbstbestimmtes, unabhängiges Leben zu führen, und das möchten wir uns so lange wie möglich erhalten. Trotzdem müssen wir uns ab und zu einmal sagen lassen: Nimm dich selbst nicht zu wichtig! Wer kennt nicht die Fernsehwerbung aus der Kosmetikbranche: „Sie sind es sich wert ...“!

Jesus verbietet uns nicht, gute Zeiten dankbar zu genießen, so lange wir unsere Mitmenschen nicht aus den Augen verlieren und so lange wir innerlich bereit sind, unser Leben bei Bedarf völlig umkrempeln zu lassen. Viele Familien stehen heute vor der Herausforderung, alte, pflegebedürftige Angehörige bei sich aufzunehmen und damit ihre ganzen Lebensgewohnheiten umzustellen. Ich erlebe das gerade im engeren Familienkreis. Besonders schlimm ist es, wenn noch Altersverwirrtheit dazukommt. Da werden in der Stille oft echte Heldentaten vollbracht. Wenn wir eine solche Aufgabe mit Liebe erfüllen wollen, geht es gar nicht ohne Selbstverleugnung.

Ich habe in meinem Leben viel selbstverständliche Hilfsbereitschaft kennengelernt, unabhängig von Religion oder Kultur. Liebe ist keineswegs nur ein Privileg des christlichen Glaubens. Aber christlicher Glaube ohne Liebe – das lässt sich grundsätzlich nicht vereinbaren. Der methodistische Kirchenvater John Wesley hat immer wieder betont: „Wenn du keine Liebe hast, dann bist du noch kein Christ.“ Diese Liebe kann für jeden von uns anders aussehen. Was gefragt ist, sind offene Augen und bereite Hände für Aufgaben, die an unserem Wege liegen. Oft unterbleiben sie gar nicht aus Egoismus, sondern aus reiner Gedankenlosigkeit oder weil wir das Gefühl haben, zeitlich überfordert zu sein. Auch darüber können wir mit Gott im Gebet sprechen, dass er uns hilft, die richtigen Prioritäten zu setzen. –

Schauen wir nun noch einmal über unseren eigenen Tellerrand hinaus.

Mein Mann und ich unterstützen seit Jahren die Hilfsorganisation „Hilfe für Brüder", und wir erhalten von dort regelmäßig das Mitteilungsblatt „Informationen zur Fürbitte".

Hier ein kurzes Beispiel, überschrieben „Durch Schmutz und Staub":

‚Die Hafenstadt Alexandria in Ägypten ist seit der Antike weltberühmt als Ort der Bildung. Die riesige Bibliothek, die vornehme Innenstadt, prächtige Handelshäuser – man würde kaum vermuten, dass sich an den Stadträndern riesige Slums befinden. Staubige Straßen, Wellblechhütten, schmutzige Kinder, verhärmte Alte – auch das ist Alexandria. Mittendrin junge Christen, die die „Gute Nachricht" austeilen. Sie besuchen die Menschen in ihren Elendsquartieren und reden von Jesus. Sie verlassen ihre schönen Wohnungen und ziehen in die Armenviertel. Dafür werden sie oft ausgelacht, verspottet, mit Schimpf und Schande vertrieben. Für viele der muslimischen Slumbewohner sind sie arme Irregeführte, vielleicht sogar Agenten des Westens. Für GOTT sind es kostbare Boten seiner großen Liebe, mit der er die reichen und die armen Menschen von Alexandria liebt.'– Von dort kam nun für uns eine Anfrage, ob wir bei der Gemeindegründungsarbeit Hilfe leisten könnten. –

Dass man auf dem Weg in die Nachfolge auch scheitern kann oder auf halbem Weg wieder umkehrt, das zeigt uns sehr deutlich die Geschichte von dem reichen Jüngling, der das Gespräch mit Jesus sucht, aber am Ende traurig weggeht. Dieser Text ist oft einseitig als Schelte gegen die Reichen dieser Welt ausgelegt worden. Doch wir sollten uns vor Verallgemeinerungen hüten.

Reichtum kann sehr verschiedene Fassetten haben. Ohne Frage besteht die Versuchung, dass man sich einem luxuriösen Lebensstil hingibt, dem jedes Gefühl für ärmere Menschen abgeht.

Aber Reichtum in Verbindung mit Verantwortung kann auch für viele Menschen zum Segen werden. Wenn ein Unternehmer seine Firma verkaufen würde, um den Erlös unter seine ärmsten Mitarbeiter zu verteilen, dann hätten sie zwar einen kurzfristigen Gewinn, aber danach käme für viele die große Arbeitslosigkeit. Dass er u. U. hart arbeiten muss, um seinen Mitarbeitern gute Arbeitsbedingungen zu erhalten, das wird leicht übersehen. Das bedeutet aber auch, dass Reichtum eine Bürde sein kann, die wenig Freiraum für andere Aktivitäten zulässt. Stöhnen wir nicht manchmal schon über unsere eigenen kleinen Besitztümer, die sich heute fast in jedem Haushalt anhäufen, und denken wir nicht mitunter „weniger wäre mehr"?

Wie frei würde ich mich fühlen, wenn ich dieses oder jenes nicht hätte!

Wenn Jesus den reichen Jüngling in seine Nachfolge ruft, dann kann er ihm nur einen sehr einfachen, harten Lebensstil anbieten, und es wird für ihn keine Zeit bleiben, seinen Besitz zu pflegen. Sich davon zu trennen, ist die einzige realistische Möglichkeit, wenn es ihm wirklich ernst damit ist, sich Jesus ganz zur Verfügung zu stellen, um mit ihm für das Reich Gottes zu wirken.

Und da kommt der große Einbruch: So waren seine Fragen an Jesus eigentlich nicht gemeint.

Hatte er von Jesus nur eine Bestätigung erwartet, dass er auf dem rechten Weg zum ewigen Leben ist? Er glaubt von sich, dass er die Gebote, die ihm Jesus nennt, alle gehalten hat. Damit könnte er eigentlich zufrieden weggehen. Aber in der Gegenwart Jesu spürt er, dass das noch nicht alles sein kann. Was fehlt ihm noch?
„Willst du vollkommen sein", gibt ihm Jesus zur Antwort, „dann muss ich dir leider zeigen, wo deine persönlichen Grenzen sind; denn wirklich vollkommen ist allein Gott. Die Gebote zu halten, hast du noch aus eigener Kraft geschafft und nicht zuletzt weil es deine Lebensumstände zuließen. Aber – wie stark bist du an deinen Besitz gebunden? Hast du in deinem jetzigen Leben überhaupt Freiraum, dich Gott ganz zur Verfügung zu stellen? Bist du bereit, auf deine persönliche Absicherung, die dir dein Vermögen gibt, zu verzichten und dich ganz der Führung Gottes anzuvertrauen?" – Fragen, die dem reichen Jüngling zeigen, dass er ohne Gottes Hilfe nicht weiterkommt. Jesus hat bei ihm genau den wunden Punkt getroffen.

Damit wird Verzicht auf Reichtum nicht zu einem neuen Gesetz erhoben. Aber auch wir müssen uns fragen lassen, ob es in unserem Leben Bindungen gibt, die ein Hindernis auf dem Weg in die rechte Nachfolge sind. Welche Bereiche unseres Lebens möchten wir am liebsten an Gott vorbeimogeln? Sind wir bereit, sie im Gebet bei Gott abzugeben, oder fürchten wir uns vor den Konsequenzen?

Als Jesus seine Jünger einmal auf ihre vielen Entbehrungen ansprach und fragte: „Habt ihr je Mangel gehabt?", da antworteten sie mit Überzeugung: „Niemals!"

Bei Jesus wird man immer mehr gewinnen als man aufgibt. Wenn wir uns dieses Vertrauen von Gott schenken lassen, dann ist Nachfolge nicht nur eine ernste Angelegenheit, sondern es überwiegt bei weitem der Anteil, der unser Leben reich und froh macht.

4. „Unscheinbar im Hintergrund ...“

Jesus heilt eine verkrümmte Frau an einem Sabbat

Predigttext:

Lukas 13, 10 – 17 (rev. Lutherübersetzung 1984)

Jesus lehrte in einer Synagoge am Sabbat.

*Und siehe, eine Frau war da, die hatte seit 18 Jahren einen Geist,
der sie krank machte, und sie war verkrümmt
und konnte sich nicht mehr aufrichten.*

*Als aber Jesus sie sah, rief er sie zu sich und sprach zu ihr:
„Frau, sei frei von deiner Krankheit!“*

*Und legte die Hände auf sie, und sogleich richtete sie sich auf
und pries Gott.*

*Da antwortete der Vorsteher der Synagoge, denn er war unwillig,
dass Jesus am Sabbat heilte, und sprach zu dem Volk:
„Es sind 6 Tage, an denen man arbeiten soll; an denen kommt
und lasst euch heilen, aber nicht am Sabbattag.“*

*Da antwortete ihm der Herr und sprach: „Ihr Heuchler! Bindet nicht jeder
von euch am Sabbat seinen Ochsen oder seinen Esel von der Krippe und
führt ihn zur Tränke?*

*Sollte dann nicht diese, die doch Abrahams Tochter ist, die der Satan
schon 18 Jahre gebunden hatte, am Sabbat von dieser Fessel gelöst werden?“*

*Und als er das sagte, mussten sich schämen alle, die gegen ihn gewesen waren.
Und alles Volk freute sich über die herrlichen Taten, die durch ihn geschahen.*

So wie uns diese Geschichte von Lukas hier erzählt wird, wird das eigentliche Geschehen ganz schnell durch eine Grundsatzdebatte um den Sabbat in den Hintergrund gedrängt. Das Schicksal dieser Frau wird zur Nebensache, die Einhaltung der Sabbatvorschriften zum Hauptproblem.

Auch ich habe diese verkrümmte Frau lange übersehen oder einfach über sie hinweg gelesen, – und so geht es uns wohl leider nur allzu oft: Wir lassen uns auf große Diskussionen ein und übersehen dabei das menschlich Naheliegendste.

Wie müssen wir uns ihre Krankheit vorstellen?

In meiner Kindheit begegnete man noch öfters Menschen mit einem sog. ‚Buckel'. Auf ein solches Krankheitsbild lief es wohl bei dieser gekrümmten Frau hinaus. Diese bedauernswerten Menschen sind nicht nur äußerlich verunstaltet, sondern durch diese Zwangshaltung werden auch alle inneren Organe in Mitleidenschaft gezogen. Da der Brustkorb besonders betroffen ist, wird die Lungenfunktion stark eingeschränkt und damit die Atmung erschwert und schließlich auch die Herztätigkeit. Es muss qualvoll sein, wenn man eine solche Zwangshaltung nicht mehr allein aufgeben kann. Damit ist man im wahrsten Sinne des Wortes an seine Krankheit gebunden – ohne Hoffnung auf Besserung.

Gott sei Dank ist diese besonders schwere Form einer Rückenverkrümmung inzwischen fast ausgestorben. Aber trotz aller Vorsorgeprogramme und Rehabilitationsmaßnahmen sind Rückenbeschwerden heute bei uns eine echte Volkskrankheit. Allein 30 – 40% aller Frauen jeden Lebensalters sind davon betroffen. Da ich selbst dazu gehöre und vor einigen Jahren einen ganz akuten Bandscheibenvorfall hatte, spricht mich die Geschichte dieser Frau natürlich besonders an. Ich hätte mir früher nie vorstellen können, wie unangenehm die damit verbundenen Nervenschmerzen sind. Sie können einen wirklich völlig aus dem Gleichgewicht bringen. Für mich sind Wundschmerzen nach einer Operation wesentlich erträglicher.

Als aufgeklärte Menschen lächeln wir natürlich, wenn wir in unserem Text lesen, dass diese Frau einen Geist hatte, der sie krank machte, und wir können sicher spontan mindestens eine Handvoll unterschiedlicher medizinischer Begründungen für solche Rückenerkrankungen nennen.

Aber das Lachen vergeht uns schnell, wenn wir selbst darunter zu leiden haben; denn dann merken wir plötzlich, dass es sich bei diesem Geist, der krank macht, nicht um eine objektive naturwissenschaftliche Aussage handelt, sondern dass wir diese

Krankheit subjektiv tatsächlich häufig genauso empfinden. Man kann sich bei dieser Art von Beschwerden wirklich so fühlen, als wenn einen ein fremder Einfluss niederdrückt. Ich glaube z. B., dass es kein Zufall war, dass mein Bandscheibenvorfall mit einer beruflichen Krise zusammenfiel, die mich besonders stark belastet hat, und dass ich immer wieder akute Rückenschmerzen bekomme, wenn ich mich in irgendeiner Form überfordert fühle. Allerdings frage ich mich manchmal, wovon dieses Gefühl der Überforderung eigentlich abhängt, denn ich habe meine Belastbarkeit schon oft genug unter Beweis stellen können.

Aber wir meistern oft ernsthafte Krisen mit Bravour und brechen plötzlich bei viel geringeren Anlässen zusammen. Was steckt dahinter, wenn wir uns ohne ersichtlichen Grund oder bei relativ geringen Unstimmigkeiten plötzlich so niedergedrückt fühlen, dass der Rücken rebelliert?

Man nimmt heute bei Rückenleiden psychosomatische Zusammenhänge durchaus ernst und ist noch dabei, sie intensiv zu erforschen. Jeder Mensch hat darin wohl seine ganz eigene Geschichte und seinen ganz persönlichen Auslöser, z. B. berufliche oder familiäre Konflikte, die nicht offen ausgetragen werden, unbewältigte persönliche Schuld, der negative Einfluss eines Menschen, unter dem wir leiden, aber auch vergangene Ereignisse, Enttäuschungen und Abhängigkeiten, an die wir uns kaum noch erinnern können, und vieles andere mehr.

Ich glaube, dass Jesus bei dieser kleinen, gekrümmten Frau die Zusammenhänge sofort durchschaut und erkannt hat. Aber zunächst einmal finde ich es beeindruckend, dass er sie überhaupt entdeckt und beachtet hat; denn es wird hier keineswegs berichtet, dass sie voll Glaubenszuversicht zu ihm kam. Deshalb ist es auch eine primitive Verallgemeinerung, wenn der Synagogenvorsteher hier sagt: „Ihr könnt schließlich an jedem Werktag zu Jesus kommen, um euch heilen zu lassen.“ Diese Frau wäre sicher im Hintergrund geblieben, wie es sich damals für Frauen in einer Synagoge gehörte, wenn Jesus sie nicht zu sich gerufen hätte.

Ich habe erst vor kurzem betroffen festgestellt, wie leicht wir einen Menschen übersehen können, dem es nicht gut geht, und zwar ganz unabsichtlich. Mein Mann und ich waren im September auf den Scilly-Inseln in England in Urlaub. Jeden Tag fährt dort ein großes Schiff den Hafen der Hauptinsel an, um neue Gäste und Waren vom Festland zu bringen. Direkt am Kai gibt es ein kleines Hotel und darunter neuerdings einen Warteraum mit Holzbänken und interessanten Bildern und Informationen über die Inseln. Diesen Warteraum wollte ich meinem Mann zeigen. Nur ein älteres Ehepaar saß dort auf einer Bank, und wir waren bald ganz in die vielen Informationen an den Wänden vertieft. Erst als eine Mitarbeiterin aus dem Hotel mit einer Tasse Kaffee herunter kam und sich ganz rührend um das alte Ehepaar kümmerte, merkte ich, dass es der Frau schlecht ging. Sie zitterte am ganzen Körper und fror erbärmlich, obwohl ihr Mann seinen Mantel um sie gelegt hatte. Offensichtlich war ihr die Überfahrt nicht bekommen. Sie wurde nun liebevoll in das Hotel geführt und konnte sich dort erholen bis sie eine Stunde später mit einem kleinen Boot zu ihrem eigentlichen Ziel – einer kleinen Nachbarinsel weiterfahren konnte. Ich weiß nicht, wer die Mitarbeiterin des Hotels informiert hat. Die alte Frau konnte mit Sicherheit nicht besser betreut werden, aber ich habe mich einfach geschämt, dass ich ihren Zustand so völlig übersehen hatte. Wenigstens ein mitfühlendes Wort hätte ich ihr und ihrem besorgten Ehemann doch gern gesagt.

Ich wünschte mir, Jesu Augen zu haben, die auch Menschen im Hintergrund nicht übersehen.

Er stellt die verunstaltete kleine Frau in den Mittelpunkt des Gottesdienstes und legt ihr die Hände auf und heilt sie, so dass sie sich allein aufrichten kann – und das nach 18 Jahren! Jetzt darf sie wieder tief durchatmen und frei sein.

Und das Entscheidende geschieht, – das, was Jesu Wunder auszeichnet:
Diese Tat dient der Verherrlichung Gottes. Die Frau lobt und preist Gott, egal ob das einer Frau in einer Synagoge gestattet ist oder nicht. Jesus hat es nicht anders gewollt. Und mit dieser Frau freut sich das ganze Volk und lobt Gott. Nur Jesu Gegner sind beschämt.

Ich glaube, dass die allgemeine Mitfreude für diese Frau noch einmal ein besonderes Erlebnis war; denn eine solche Anteilnahme nach einer überstandenen Krankheit zeigt uns, dass wir für die anderen nicht gleichgültig sind.

Aber hier wird nicht nur ein Einzelschicksal zum Guten gewendet, sondern Jesus schenkt damit zugleich Hoffnung für alle.

5. „Willst du gesund werden?“

Jesus am Teich Betesda

Predigttext:

Johannes 5, 1 – 9 (rev. Lutherübersetzung 1984, incl. Vers 4)

An einem der jüdischen Feiertage ging Jesus nach Jerusalem.
Dort liegt in der Nähe des Schaftors der Teich Betesda, wie er auf
Hebräisch genannt wird. Er ist von 5 Säulenhallen umgeben.

Viele Kranke, Blinde, Gelähmte und Gebrechliche lagen in diesen Hallen
und warteten darauf, dass sich das Wasser bewegte.
Denn ein Engel des Herrn fuhr von Zeit zu Zeit herab in den Teich und
bewegte das Wasser. Wer nun zuerst hineinstieg, nachdem sich das Wasser
bewegt hatte, der wurde gesund, an welcher Krankheit er auch litt.

Einer von den Menschen, die dort lagen, war schon 38 Jahre krank.
Als Jesus ihn liegen sah und vernahm, dass er schon so lange gelegen
*hatte, fragte er ihn: **„Willst du gesund werden?“***

Der Kranke antwortete ihm: „Herr, ich habe keinen Menschen, der mich in
den Teich bringt, wenn sich das Wasser bewegt; wenn ich aber hinkomme,
so steigt ein anderer vor mir hinein.“

Da forderte ihn Jesus auf: „Steh auf, rolle deine Matte zusammen und geh!“
In demselben Augenblick war der Mann geheilt.
Er nahm seine Matte und ging glücklich seines Weges.
Das geschah an einem Sabbat.

Nachspiel:
Da sprachen die Juden zu dem, der gesund geworden war: „Es ist heute Sabbat,
du darfst dein Bett nicht tragen.“
Er antwortete ihnen: „Der mich gesund gemacht hat, der sprach zu mir:
Nimm deine Matte und gehe hin!“
Da fragten sie ihn: „Wer ist der Mensch, der zu dir gesagt hat: Nimm deine Matte und geh?“
Der aber gesund geworden war, wusste nicht, wer es war; denn Jesus war entwichen,
da so viel Volks an dem Ort war.

Danach fand ihn Jesus im Tempel und sprach zu ihm: „Siehe, du bist gesund
geworden; sündige hinfort nicht mehr, dass dir nicht etwas Ärgeres widerfahre."

Der Mann ging hin und verkündete den Juden, es sei Jesus, der ihn gesund
gemacht habe. Darum verfolgten die Juden Jesus, weil er solches an einem Sabbat getan hat.

Jesus aber antwortete ihnen: „Mein Vater wirkt an jedem Tag und ich wirke auch.“

Von Zeit zu Zeit gehe ich gern in Bad Neuenahr in die Ahrthermen zum Schwimmen. Man hat dort die verschiedensten Sprudeleinrichtungen eingebaut, die in regelmäßigen Abständen reihum in Bewegung gebracht werden. Besonders beliebt ist ein Strömungskanal, in dem das Schwimmen besonderen Spaß macht. Man sieht richtig, wie die Badegäste schon darauf warten, dass dort das Wasser in Wallung gerät. Dann drängt sich alles in diesen Bereich, und es kann schnell eng werden. Ich halte mich meistens schon etwas vorher in dem Strömungskanal auf, damit mir ein guter Platz sicher ist. Dabei muss ich an den Teich Betesda in Jerusalem denken und wie es damals dort wohl zugegangen ist.

Durch Ausgrabungen wissen wir über diese Anlage recht gut Bescheid. Sie lag im Norden der Stadt, unweit vom Tempelbezirk. Es handelte sich um einen relativ großen, rechteckigen Teich von knapp 100 m Länge und etwa 60 m Breite. Er war auf allen 4 Seiten von einer Säulenhalle umgeben und wurde in der Mitte noch einmal von einer weiteren Säulenhalle quergeteilt. Sehr ernüchternd ist, dass er als Sammelbecken für Regenwasser diente. Aber in seiner Tiefe befand sich eine Quelle, die in bestimmten Abständen aufsprudelte. Dieser Wallung wurde Heilkraft zugeschrieben.

Dass ein Engel Gottes das Wasser bewegte, ist übrigens eine volkstümliche Ausschmückung, die nicht zum ursprünglichen Text gehört. Ein Engel hätte sicher manche Ungerechtigkeit vermeiden können, die sich dort abspielte, wenn jeder als erster im Wasser sein wollte.

Dass Jesus sich dort einmal etwas näher umgesehen hat, kann man sich gut vorstellen, und ebenso, dass sein wachsames Auge sofort einen kranken Menschen entdeckt hat, der besonders auf seine Hilfe angewiesen war.
Aber dann ist man doch etwas überrascht, dass sich Jesus mit der Frage an den Kranken wendet: „Willst du gesund werden?“

Wie kann Jesus nur so fragen, wo Gesundheit doch unser höchstes Gut ist! „Hauptsache gesund“ ist einer der häufigsten Wünsche, den wir uns zu jeder passenden Gelegenheit sagen.

Schließlich liegt dieser Kranke ja nicht umsonst am Teich Betesda, sondern Tag für Tag klammert er sich an das bisschen Hoffnung, einmal als erster das heilende Wasser zu erreichen und gesund zu werden.

Und doch sind hier einige Fragen angebracht:

Wie ist es möglich, dass dieser Mann, der nun schon 38 Jahre krank ist und sicher schon sehr lange am Teich Betesda zubringt, nie sein Ziel erreicht hat?

Liegt es nur an dem Egoismus der anderen, die sich rücksichtslos vordrängen und ihm keine Chance geben?

Warum ist es ihm in der langen Zeit nie gelungen, einen Freund zu finden, der ihm helfen kann?

Hat er sich vielleicht längst an seinen Zustand gewöhnt? Schließlich sind die Hallen, die den Teich umgeben, nicht die schlechteste Unterkunft!

Oder ist er nur zu bescheiden?

Irgendwann sollte allerdings auch der Bescheidenste einmal an der Reihe sein – und wo ein Wille ist, ist bekanntlich auch ein Weg. –

Als junges Mädchen hörte ich von einer Bekannten eine Geschichte, die mich sehr bewegt hat: Eine ihrer Freundinnen war seit Jahren gelähmt. Damals gab es in Süddeutschland einen Mann, der heilende Kräfte besaß – nicht irgendeiner jener fragwürdigen Scharlatane, die von Zeit zu Zeit auftauchen, sondern ein Heiler, den man als Persönlichkeit ernst nahm. Zu ihm brachte man die gelähmte Freundin.
Er sah sie durchdringend an und fragte dann: „Wollen Sie wirklich gesund werden? Und sie antwortete stotternd: „Nein – nein, eigentlich nicht."
Sie war selbst erschrocken über ihre Antwort, aber sie hatte plötzlich Angst, nach so vielen Jahren dem normalen Alltag mit all seinen Pflichten nicht mehr gewachsen zu sein. Sie hatte Angst vor den Konsequenzen des Gesundseins. Der Heiler sagte daraufhin nur: „So kann ich Ihnen leider auch nicht helfen" und schickte sie nach Hause.

Es kommt mir hier nicht auf den Heiler an, sondern Angst vor der Zeit danach – nach überstandener Krankheit – ist weiter verbreitet als man glaubt, und es ist kein Zynismus, dies einmal zur Sprache zu bringen.

Ich habe durch meine langjährige Erfahrung in der Krankenpflege die unterschiedlichsten Motive kennengelernt, und sie sind alle sehr verständlich:

Unbedeutende Menschen können durch ihre Krankheit plötzlich im Mittelpunkt stehen, um den sich in der Familie alles dreht, so dass sie diesen Status nicht mehr aufgeben möchten. Als Kranke werden sie plötzlich mit einer Fürsorge bedacht, die ihnen vorher fremd war.
Oder vielleicht steckt auch in uns manchmal etwas von den Menschen, die sich im

Alltag überfordert gefühlt haben, und nun im innersten dankbar sind, dass ihnen ohne ihr Zutun einmal für einige Zeit alle Verantwortung aus der Hand genommen ist. Verurteilt zu sein zu einer sog. „Zwangspause", das muss nicht nur Nachteile haben. Oder wie wohltuend kann es für manche Menschen sein, dass sie durch ihre Krankheit plötzlich Zeit haben, für andere da zu sein. Sie freuen sich, wenn man sie besucht sie und sich bei ihnen Rat holt. Das kann viel zur persönlichen Tapferkeit beitragen.

Im Krankenhaus erleben wir immer wieder, dass sich Patienten, die zu Hause unter schlechten Bedingungen leben, hier geborgen und angenommen fühlen.
Es ist kein leichter Schritt, zurück in einen unerfreulichen Alltag zu müssen.
Da ist es durchaus zu verstehen, dass noch vorhandene Krankheitssymptome plötzlich überbewertet werden.

Es gehört zu den Alltagserfahrungen jeder Krankenschwester, dass viele Patienten sich noch einmal besonders schlecht fühlen, wenn man ihnen ihre Entlassung ankündigt. Es liegt uns manchmal die Frage auf der Zunge: „Möchtest du überhaupt gesund werden?"

Ich arbeite in einer Reha-Klinik, in der Krankheitsbewältigung bei chronischen Erkrankungen im Vordergrund steht. Wir bieten unseren Patienten intensive Schulungen an, die ihnen helfen sollen, trotz ihrer Krankheit ein relativ normales Leben zu führen, aber dazu müssen sie bereit sein, selbst aktiv mitzuwirken. –

Es wird nichts Näheres über die Krankheit des Mannes am Teich Betesda ausgesagt, aber um ein chronisches Leiden handelt es sich bei einer Dauer von 38 Jahren auf jeden Fall.

Es passt zu Jesus, dass er aus der Menge der Kranken, die sich am Teich Betesda aufhalten, einen Menschen herausgefunden hat, der zutiefst resigniert ist und seine Zuwendung besonders braucht.

Da steckt schon einiges an Tragik dahinter, wenn ein Mensch von sich sagen muss: „Herr, ich habe niemanden. Da ist niemand, der zu mir gehört und mir helfen kann."

Hier hat ein Mensch die Hoffnung auf Heilung sicher schon so viel wie aufgegeben, denn Tag für Tag erlebt er dieselbe Enttäuschung: morgens besteht noch ein Funken Hoffnung, dass es diesmal klappt, dass er das heilende Wasser rechtzeitig erreicht, und abends war doch wieder alles umsonst.

Er ist jedes Mal hoffnungslos zu spät gekommen!

Vielleicht hat er sich in letzter Zeit schon gar nicht mehr bemüht, sich zu beeilen, weil das jedes Mal eine Strapaze für ihn ist.

Und jetzt fragt ihn Jesus: „Willst du gesund werden?“

Die Antwort ist kein freudiges „Ja“, denn er kennt Jesus ja noch nicht, hat vielleicht sogar noch nie etwas von ihm gehört, denn Jesus ist in Galiläa berühmter als in Jerusalem.
Aber der Kranke spürt: hier ist jemand, der zum ersten Mal nach langer Zeit Anteil an ihm nimmt, ein Mensch, der Vertrauen ausstrahlt, dem man seine ganze Resignation bekennen kann.

Und Jesus greift ein – aber nicht, ohne dass er dem Kranken den ersten Schritt zum Gesundwerden selbst abverlangt. Er fordert ihn auf: *„Steh auf, roll deine Matte zusammen und geh!“*

Und der Kranke überlegt nicht lange, ob das überhaupt möglich ist, sondern er steht auf – und geht!

Das geschah an einem Sabbat. Damit schließt diese Geschichte zunächst ab. Aber dieser Satz lässt bereits ahnen, dass es noch ein Nachspiel gibt.

Heilung an einem Sabbat, dazu noch der Auftrag an den Geheilten, sein Bett zu tragen – das ist für einige der gesetzestreuen Juden wieder einmal eine Provokation, die Jesus allerdings hervorragend abschmettert:

„Immer, an jedem Tag, tut mein Vater Gutes, und ich folge nur seinem Beispiel.“

Aber dazwischen steht noch einmal eine kurze Begegnung Jesu mit dem Geheilten, der noch am selben Tag in den Tempel geht. Dort treffen sie zusammen, und jetzt zieht Jesus den endgültigen Schlussstrich unter die Vergangenheit dieses Mannes, indem er sagt: „Sündige nicht mehr!“. Natürlich wird kein Mensch solange er lebt ein sündloses Leben führen können. Aber der Zusammenhang zwischen Krankheit und Sünde, an den das Volk Israel glaubte und den Jesus immer sehr ernst genommen hat, ist für diesen Menschen erst einmal abgeschlossen. Er darf seine Gesundheit als Geschenk und als Chance annehmen, um sein Leben noch einmal ganz neu und verantwortungsbewusst zu gestalten.

Auch für uns ist jede überstandene Krankheit eine Chance für einen neuen Anfang. Wir sind durch sie reicher geworden an positiven und negativen, auf jeden Fall aber an wertvollen Erfahrungen, die wir in unser weiteres Leben einbauen können.

Und wem diese Chance nicht geschenkt wird, der kann seine ganze Resignation vor Jesus bringen und sie mit seiner Hilfe überwinden.

Mit Jesu Hilfe können wir lernen, auch unsere Krankheit und die darin verborgenen Möglichkeiten mit neuen Augen zu sehen.

6. Im Sturm auf dem See Genezareth

„Wer ist der, dem Wind und Meer gehorsam sind?“

Predigttext:

Markus 4, 35 – 41 (rev. Lutherübersetzung 1984)

Und am Abend desselben Tages sprach Jesus zu seinen Jüngern:
Lasst uns hinüberfahren.

Und sie ließen das Volk gehen und nahmen ihn mit, wie er im Boot war,
und es waren noch andere Boote bei ihm.

Und es erhob sich ein großer Windwirbel, und die Wellen schlugen in das Boot,
so dass das Boot schon voll wurde.

Und er war hinten im Boot und schlief auf einem Kissen.

Und sie weckten ihn auf und sprachen zu ihm: Meister, fragst du nichts danach,
dass wir umkommen?

Und er stand auf und bedrohte den Wind und sprach zu dem Meer: Schweig und
verstumme! Und der Wind legte sich, und es entstand eine große Stille.

Und er sprach zu ihnen: Was seid ihr so furchtsam? Habt ihr noch keinen
Glauben?

Sie aber fürchteten sich sehr und sprachen untereinander:
Wer ist der? Auch Wind und Meer sind ihm gehorsam!

Wie erschöpft muss Jesus an diesem Abend gewesen sein! „Schluss für heute! Lasst uns ans andere Ufer fahren!“ – Und sie nahmen Jesus im Boot mit wie er war.

Diese kurze Schilderung des Evangelisten Markus spricht doch Bände! Dabei waren es weniger körperliche Anstrengungen, die hinter Jesus lagen. Als Zimmermann auf dem Bau hatte er früher sicher viel härter arbeiten müssen und war abends rechtschaffen müde.

Aber einen ganzen Tag lang zu reden, um Überzeugungsarbeit zu leisten und sich dabei immer wieder auf andere Menschen einstellen zu müssen, das hat es in sich, das schlaucht.

Bischof Klaiber von der Evangelisch-methodistischen Kirche wurde einmal bei einer Konferenz gefragt, was ihm in seinem Dienst am meisten Stress bereitet. Er sagte daraufhin sehr persönlich: „Nicht das viele Reisen ist der eigentliche Stress, sondern die Sorgen mit anderen und um andere Menschen, die Probleme und Fragen, auf die es keine Lösungen und Antworten gibt.“ Das war für ihn die größte Belastung.

Zu Jesus waren Tausende von Menschen geströmt, um Antworten für ihr Leben zu finden, und er hatte ihnen in immer neuen Bildern und Gleichnissen die Botschaft vom Reich Gottes nahegebracht. Die große Volksmenge bestand überwiegend aus sehr einfachen Menschen ohne besondere Vorbildung. Aber auch die Pharisäer und Schriftgelehrten erwarteten von ihm, dass er ihnen Rede und Antwort stand. Besonders wichtig waren Jesus aber auch die Gespräche mit seinen Jüngern, und er legte großen Wert darauf, dass wenigstens sie ihn verstanden. Ich kann sehr gut nachvollziehen, wie anstrengend ein solcher Tag für Jesus verlaufen ist. Wie erschöpft bin ich manchmal schon nach einer Predigt oder der Leitung einer schwierigen Sitzung! Es tut mir gut, dass Jesus auch so etwas wie einen „toten Punkt“ kannte. Das bringt ihn mir menschlich sehr nahe. Und er hat diesen „toten Punkt“ nicht übergangen, sondern ist im Boot sofort fest eingeschlafen.

Unter den Jüngern waren erfahrene Fischer vom See Genezareth, die sich mit den Tücken des Sees auskannten. Besonders gefürchtet waren die Fallwinde von den Bergen, die unter bestimmten Luftdruckverhältnissen plötzlich auftraten und den See, der in einem tiefen Talkessel lag, in ein wildes Meer verwandelten, – und genau in eine solche Situation geriet das Boot mit Jesus und seinen Jüngern.

Wie hätten sich die Jünger, die nun verzweifelt gegen die haushohen Wellen ankämpften, richtig verhalten sollen? Hätten sie Jesus sofort wecken sollen, der doch den Schlaf so dringend nötig hatte? Und hätte er ihnen überhaupt helfen können?

Sie hatten auf dem Meer doch mehr Erfahrung als er! Das Steuer aus der Hand zu legen, um zu beten, wäre in diesem Augenblick auch keine Lösung gewesen. Also kämpften sie bis zur Überforderung.

Jetzt muss Jesus geweckt werden, und er wird sofort mit Vorwürfen überschüttet: „Fragst du nichts danach, dass wir umkommen?“ – Ich glaube, ihre Nerven lagen blank.

Und Jesus, der uns eben menschlich noch so nahe war, handelt jetzt in einer Vollmacht, über die alle erschrocken sind. Er befiehlt Sturm und Wellen, und sie gehorchen ihm. Es tritt eine große Stille ein.

Auch die Evangelisten Matthäus und Lukas betonen diese Stille nach dem Sturm. Es muss eine eigenartige Atmosphäre gewesen sein.

Jesus gönnt seinen Jüngern diese Zeit der Stille. Erst danach sind sie aufnahmefähig für die Vorwürfe, die er ihnen nun zu machen hat: „Warum seid ihr so furchtsam? Habt ihr noch keinen Glauben?“

Warum diese Todesangst, wenn Jesus doch bei ihnen ist? Warum diese Panik, die jedes vernünftige Handeln blockiert? Glaubten sie allen Ernstes, dass Gott seinen Gesandten so einfach untergehen lassen würde und mit ihm seine engsten Mitarbeiter, die Jesus ja gerade erst berufen hatte? Waren sie nicht mit Jesus durchdrungen von der großen Aufgabe, der er sich täglich stellte? Wenn sie glaubten, dass der Weg, den Jesus zu gehen hatte, schon zu Ende sei, dann hatten sie nichts von seinem Auftrag in dieser Welt verstanden. Aber wer denkt schon theologisch, wenn die Wellen über einem zusammenschlagen? Etwas mehr Vertrauen hatte Jesus allerdings schon von seinen Jüngern erwartet, ganz spontanes Vertrauen – einfach weil er da war.

Die Jünger sind nach dieser Nacht um einige wichtige Erfahrungen reicher, aber sie müssen noch viel in der Schule Jesu lernen. Kaum sind sie am anderen Ufer angekommen, läuft ihnen ein Besessener mit seinem ganzen Elend entgegen, und sie erleben erneut, dass Jesus Sieger bleibt. Trotzdem zieht sich die Frage der Jünger: „Wer ist dieser Jesus?“ durch das ganze weitere Markus-Evangelium. Wir beneiden die Jünger manchmal, dass sie Jesus so hautnah persönlich erleben durften und Zeugen seiner großen Taten wurden. Aber hatten sie es dadurch wirklich leichter, an ihn zu glauben?

Wer Jesus wirklich ist und was er für uns bedeutet, wird erst durch seinen Tod am Kreuz und durch seine Auferstehung deutlich. An diesen beiden Ereignissen klärt sich das Bekenntnis zu ihm. Sie werden zum entscheidenden Glaubensinhalt. Bis dahin haben die Jünger noch einen weiten Weg vor sich.

Wenn wir heute in der Bibel lesen, haben wir sofort den ganzen Jesus vor uns, den gekreuzigten, auferstandenen und erhöhten Herrn.

Für die Jünger war Jesus zu seinen Lebzeiten zunächst nur ein großer Lehrer und Meister, vielleicht sogar ein großer Prophet. Das sind Vorstellungen, mit denen sie etwas verbinden können. Sie kennen seine Familie und sind stolz darauf, zu seinen engsten Freunden zu gehören. Jesus lebt unter ihnen als Mensch unter Menschen, der alles Leid der Menschen teilt und selbst Müdigkeit und Erschöpfung kennt. Gottes Liebe wird in ihm sichtbar, aber ohne sichtbaren Heiligenschein. Er gehört einfach zu ihnen.

Und doch sprengt Jesus diesen Rahmen immer wieder mit einer Vollmacht, die in die Welt Gottes gehört. Das ist beängstigend und verwirrend. Macht über die Elemente hat doch nur ihr Schöpfer selbst! Die ganze reale Lebenswelt der Jünger, der erfahrenen Fischer vom See Genezareth, wird hier erschüttert! Wenn Gott so unmittelbar eingreift –wie es hier durch Jesus geschieht – dann ist die Reaktion immer Furcht. Wer Gott erfährt, erkennt immer zuerst, was ihn von Gott trennt – wie schuldig und schwach wir Menschen sind! Aber dieser Abstand zu Gott hat nicht das letzte Wort. Jesus hält sich nicht bei dem schwachen Glauben seiner Jünger auf, sondern er nimmt sie einfach weiter mit auf seinen Weg.

Der Bericht von der Stillung des Sturmes hat Christen zu allen Zeiten geholfen, mehr Vertrauen auf Jesus zu setzen. Unser Leben bleibt nicht von Stürmen verschont, und oft haben wir das Gefühl, dass wir sehr lange auf sein Eingreifen warten müssen. Aber Jesus ist da. Ihm alles zuzutrauen, das ist der Glaube, den Jesus auch heute bei uns sucht.

7. Grenzerfahrungen:

Jesus verflucht einen Feigenbaum

Wochenspruch zum Sonntag Estomihi vor dem Beginn der Passionszeit:

„Seht, wir gehen hinauf nach Jerusalem, und es wird alles vollendet werden, was geschrieben ist durch die Propheten von dem Menschensohn. (Lukas 18, 31)

Predigttext:

Matthäus 21, 18 – 22 (rev. Lutherübersetzung 1984)

Vom verdorrten Feigenbaum

Als Jesus aber am Morgen wieder in die Stadt ging, hungerte ihn.

Und er sah einen Feigenbaum an dem Wege, ging hin und fand

nichts daran als Blätter und sprach zu ihm:

Nun wachse auf dir niemals mehr Frucht!

Und der Feigenbaum verdorrte sogleich.

Und als das die Jünger sahen, verwunderten sie sich und fragten:

Wie ist der Feigenbaum so rasch verdorrt?

Jesus aber antwortete und sprach zu ihnen:

Wahrlich, ich sage euch: Wenn ihr Glauben habt und nicht zweifelt,

so werdet ihr nicht allein Taten wie die mit dem Feigenbaum tun,

sondern, wenn ihr zu diesem Berg sagt: Heb dich und wirf dich ins Meer,

so wird's geschehen.

Und alles, was ihr bittet im Gebet, wenn ihr glaubt, so werdet ihr's

empfangen.

Feigenbäume gehören an sich zu den ertragreichsten Pflanzen des Mittelmeerraums, die mehrmals im Jahr Früchte tragen. Man unterscheidet Frühfeigen, die im März ansetzen und im Juni reif sind, Sommerfeigen, die im August reif werden, und Winterfeigen, die vereinzelt noch am Baum bleiben und im kommenden Frühjahr nachreifen, wenn der Winter mild war – und das ist im Land Israel überwiegend der Fall.

Im Herbst verlieren die Feigenbäume ihre Blätter und sehen dann bis zum späten Frühjahr ziemlich kahl aus. Es war also nicht die Regel, dass ein Feigenbaum schon vor dem Passahfest im Vorfrühling, als Jesus nach Jerusalem ging, bereits Blätter hatte.
Von diesem Baum konnte man deshalb erwarten, dass er den Winter gut überstanden hat und dass er noch Winterfeigen trug und bereits Frühfeigen angesetzt hat.

Aber dieser Eindruck täuscht. Kein Fruchtansatz! Nur Blätter!

Von einem Menschen würde man sagen: er ist ein Blender und damit ein besonders unangenehmer Zeitgenosse. Sein äußeres Auftreten trügt, und er betrügt sich selbst und seine Mitmenschen, um diesen falschen Schein aufrecht zu erhalten.

Wer im Berufsleben Personalverantwortung trägt, weiß, wie vorsichtig man bei Einstellungsgesprächen sein muss, um nicht auf Blender hereinzufallen. Sie können sich besonders gut verkaufen. Der erste Eindruck kann hervorragend sein, aber wenn die Gespräche in die Tiefe gehen, bleibt wenig Substanz übrig.
Leider kommt das böse Erwachen oft erst, wenn man mit ihnen enger zusammenarbeitet. Wahrscheinlich merken Sie, dass ich hier auf bittere persönliche Erfahrungen zurückgreife.

Ein Blender ist schlimmer als ein normaler Versager, weil er etwas vortäuscht, was er nicht ist. Wenn jemand immer wieder Fehler macht und die erwartete Leistung nicht erbringt, können wir versuchen, ihm mit viel Geduld zu helfen.

Jesus wäre der letzte, der dafür kein Verständnis hätte. Dazu erzählt er einmal ein Gleichnis, das auch von einem Feigenbaum handelt, den sein Besitzer am liebsten fällen will, weil er keine Frucht bringt. Aber der Gärtner bittet darum, ihn noch ein Jahr lang besonders sorgfältig pflegen zu dürfen. Vielleicht stellt sich doch noch Erfolg ein.

Anders ist die Situation, die in diesem Bibeltext beschrieben wird: Dieser Feigenbaum an der Straße zwischen Betanien und Jerusalem wirkt von weitem vielversprechend, aber der äußere Schein trügt.

Doch Jesus lässt sich nicht betrügen. Es gibt Grenzen, und das kann er seinen Jüngern an diesem Baum deutlich zeigen. Ein Wort von ihm – und der falsche Schein ist dahin! Zurück bleibt eine verdorrte Hülle.

Natürlich sind die Jünger, die ihn begleiten, erschrocken, und reagieren mit erstaunten Fragen. Diese Situation ergreift Jesus, um mit ihnen über Fragen zu sprechen, die ihm so kurz vor seinem Tod besonders wichtig sind.

Es ist viel darüber gerätselt worden, was Jesus mit der Verfluchung des Feigenbaums beabsichtigt hat. Viele Theologen sehen darin eine prophetische Zeichenhandlung, die dem Volk Israel gilt, weil es Jesus als Messias ablehnt. Im Alten Testament wird Israel mehrmals mit einem Feigenbaum verglichen. Ist seine Gnadenzeit jetzt endgültig abgelaufen?

Ich glaube, dass die Jünger in dieser Situation mit solchen Zusammenhängen überfordert gewesen wären. Es geht Jesus an erster Stelle darum, dass sie in allem, was er sagt und tut, erkennen, dass er in Vollmacht handelt, – einer Vollmacht, die von Gott kommt, und die ihm auch sein bevorstehender Tod am Kreuz nicht nehmen kann. Es sind ja nur noch wenige Tage bis zu seiner Hinrichtung, und diese Tage sind nach den Berichten des Matthäus-Evangeliums ausgefüllt mit harten Auseinandersetzungen mit seinen Gegnern und mit sehr ernsten Endzeitgleichnissen und Gerichtsworten.

Eigentlich ist die Verfluchung des Feigenbaums nur eine kleine Episode am Wegrand in dieser spannungsreichen Zeit.

Aber sie verleiht den nachfolgenden Endzeitprophezeiungen erst den richtigen Nachdruck. Sie zeigt, dass Jesus auch die Macht hat, jederzeit in Gottes Schöpfung einzugreifen. Um Jesus zu verstehen, muss man einfach von seiner Vollmacht überzeugt sein.

Jesus nimmt hier noch einmal die Gelegenheit wahr, um den Glauben seiner Jünger zu festigen, und er ermutigt sie ausdrücklich, im Glauben auch einmal ungewöhnliche Schritte zu wagen.

„Glaube kann Berge versetzen“ – dieser Satz ist fast zu einem Sprichwort geworden, von dem allerdings viele nicht wissen, dass er in der Bibel steht. Grundsätzlich ist es Gott, der Berge versetzt. Das wird im Alten Testament mehrmals angesprochen. Aber das Besondere an unserem christlichen Glauben ist, dass Menschen, die zu Jesus gehören, in den Heilsplan Gottes einbezogen werden und an der Umgestaltung der

Welt mitwirken sollen bis Jesus wiederkommen wird, um die Welt zu ihrer Vollendung zu führen.

Berge versetzen – das kann ganz praktisch aussehen.

In einer der frühchristlichen Schriften, dem sog. „Thomas-Evangelium“, wird ein Wort von Jesus zitiert:

„Wenn sich zwei Menschen versöhnen und in ihrem Hause Frieden miteinander schließen, dann können sie auch zu einem Berg sagen: ‚Geh weg von hier und begib dich dort drüben hin', und er wird's tun.“ –

‚Berge versetzen' – das heißt Hindernisse abbauen, die an unserem Wege liegen, damit es in unserer Welt etwas menschlicher wird, und das fängt in unserem persönlichen Umfeld an.

Es gibt allerdings auch viele oberflächliche Heilslehren, die beeindruckend klingen, aber unseren Glauben verwässern oder einfach nicht mit der Konsequenz, die Jesus erwartet, in Einklang zu bringen sind. Viele Menschen unserer Zeit lassen sich davon beeindrucken und gleiten in die Unverbindlichkeit ab. Der verdorrte Feigenbaum ist jedoch eine Warnung – auch an uns – damit wir uns nicht von falschen Lehren blenden lassen, die vor Jesus nicht bestehen können.

Zum Schluss verweist Jesus seine Jünger noch einmal auf die Kraft des Gebets, und das gilt für alle, die an ihn glauben.

Durch diese Verbindung mit Gott können uns in der Tat ungeahnte Kräfte erwachsen. Auch wir können für bestimmte Aufgaben Vollmacht von Gott erhalten.
Jesus geht sogar so weit, dass er sagt:

„Alles, was ihr bittet im Gebet, wenn ihr glaubt, so werdet ihr's empfangen.“

Das ist ein großartiges Angebot. Aber liegt da nicht die Versuchung nahe, das Gebet für unsere eigenen Wünsche und Vorstellungen auszunutzen?

Nun, ich glaube, wer Jesus ernst nimmt, für den verbietet sich von vornherein jeder Missbrauch des Gebets. Wenn wir den Glauben haben, dass wir Gott voll vertrauen können, dann steht doch an erster Stelle die Bitte, die uns Jesus im Vater-Unser-Gebet gelehrt hat: Dein Wille geschehe.

Wie ernst wir Jesus nehmen müssen, zeigt uns gerade der verdorrte Feigenbaum. Er mahnt uns zur Aufrichtigkeit. Wir dürfen mit allen unseren Fehlern und unseren Fragen zu Jesus kommen, aber eine leere fromme Fassade hat vor ihm keinen Bestand.

Die Verfluchung des Feigenbaums hat etwas sehr Beklemmendes an sich und zeigt uns, wie groß der Abstand zwischen Jesus und uns ist. Aber das Beeindruckende ist, dass es Jesus nicht dabei bewenden lässt, sondern er zeigt allen, die an ihn glauben, dass das Gebet diesen Abstand überbrückt. Ja, mehr noch: Jesus beruft uns sogar zu seinen Mitarbeitern.

Das ist mehr als unser normaler Menschenverstand begreifen kann. Da muss der Heilige Geist schon mithelfen, und der lehrt uns zu beten:

„Zeige mir, Herr, deinen Weg, und mache mich bereit, diesen Weg dann auch tatsächlich zu gehen."

8. „Liebe annehmen können ...“

Die Salbung Jesu in Betanien

Predigttext:

Markus 14, 1 – 9 (Einheitsübersetzung)

Es war noch zwei Tage bis zum Passahfest und den Tagen der Ungesäuerten Brote.
Die Hohen Priester und die Schriftgelehrten suchten nach einer Möglichkeit,
Jesus mit List in ihre Gewalt zu bringen, um ihn zu töten.
Sie sagten aber: Ja nicht am Fest, damit es beim Fest keinen Aufruhr gibt.

Als Jesus in Betanien im Hause Simons des Aussätzigen bei Tisch war, kam eine Frau mit einem Alabastergefäß voll echtem, kostbarem Nardenöl, zerbrach es und goss das Öl über sein Haar.

Einige aber wurden unwillig und sagten zu einander: Wozu diese Verschwendung? Man hätte das Öl um mehr als 300 Denare verkaufen und das Geld den Armen geben können. Und sie machten der Frau heftige Vorwürfe.

Jesus aber sagte: Hört auf! Warum lasst ihr sie nicht in Ruhe? Sie hat ein gutes Werk an mir getan. Denn Arme habt ihr immer bei euch, und ihr könnt ihnen Gutes tun, so oft ihr wollt; mich aber habt ihr nicht immer. Sie hat getan, was sie konnte. Sie hat im Voraus meinen Leib für mein Begräbnis gesalbt.

Amen, ich sage euch: Überall auf der Welt, wo das Evangelium verkündet wird, wird man sich an sie erinnern und erzählen, was sie getan hat.

Ich bin Jesus dankbar, dass er diese kleine Begebenheit am Rande seiner Passion unter seine besondere Verheißung gestellt hat. Dadurch erhält sie einen Stellenwert, der sie zu einer ‚Hohen Schule der Liebe' macht.

Wir erleben in diesem Text, was es heißt:

Liebe geben,
Liebe annehmen,
aber auch
Liebe zerstören,

und in jeder der handelnden Personen erkenne ich ein Stück von mir selbst wieder.

Wer ist diese Frau, die für uns zu einem Symbol der schenkenden Liebe wird? Alle 4 Evangelien berichten von ihr.

Der Lukas-Text fällt allerdings etwas aus dem Rahmen. Das Geschehen liegt dort zeitlich früher, und die Frau ist eine stadtbekannte Sünderin, die erkannt hat, dass Jesus ihr Leben ganz neu machen kann. Seine Vergebung und ihre Liebe stehen in enger Verbindung zu einander. –

Der Bericht der anderen 3 Evangelisten ist jedoch gerade dadurch so beeindruckend, dass er in die letzten irdischen Lebenstage von Jesus fällt – in diese eigenartig angespannte Zeit zwischen Palmsonntag und Karfreitag – zwischen „Hosianna" und „Kreuzige ihn". In dieser Situation bekommt die Handlung der Frau ein besonderes Gewicht.

Im Johannes-Evangelium wird sie mit Namen genannt: „Maria", die Schwester von Martha und von Lazarus, den Jesus von den Toten auferweckt hat. Diese Maria aus Betanien ist uns vertraut, und es passt zu ihrer feinen und einfühlsamen Art, dass sie begriffen hat, dass Jesus eigentlich schon ein „Zum Tode Verurteilter" ist, und sie weiß, wie wertvoll gerade im Angesicht des Todes ein Zeichen körperlicher Nähe sein kann. Wie könnte sie das besser und behutsamer zum Ausdruck bringen als durch die Salbung, die sie an Jesus vornimmt, und durch das kostbare Öl, das sie verwendet, zeigt sie ihm, dass das Beste für ihn gerade gut genug ist.

Anonym, dagegen bleibt diese Frau in den Berichten von Markus und Matthäus, die fast wörtlich übereinstimmen. Nicht ihr Name ist wichtig, sondern ihre geradezu maßlose Liebe, die die normalen Grenzen überschreitet.

Jeder von uns hat die Möglichkeit, sich mit ihr zu identifizieren.

Ich muss allerdings ernsthaft nachdenken, ob ich jemals in meinem Leben so verschwenderisch Liebe verschenkt habe – ohne zu rechnen, einfach aus dem Gefühl heraus, dass es dem anderen gut tun könnte!

Überwiegen da nicht die Vernunftgründe?

Wie kommt diese Frau dazu, ein wahrhaft königliches Salböl zu kaufen, vielleicht von einer der vorüberziehenden Karawanen?

Echtes Nardenöl – das ist das feinste vom feinen: ein schnell verdunstendes Öl, das mit dem Wurzelextrakt einer Pflanze parfümiert wurde, die im Himalajagebiet wuchs. Allein die Einfuhr aus einem so fernen Land machte die Narde sehr teuer.

300 Denare! Das sind nicht etwa 300 Euro, was für ein gutes Parfüm heute auch schon sehr teuer wäre, sondern das entspricht dem **Jahresgehalt** eines einfachen Arbeiters in der damaligen Zeit.

Es steht nicht in der Bibel, ob diese Frau finanziell besser gestellt war. Aber auch ein halbes Jahresgehalt, ja selbst einen Monatslohn würden wir wohl nicht so ohne weiteres opfern. Da müssten wir uns schon sehr sicher sein, dass es an die richtige Adresse kommt – und damit beginnen gewöhnlich unsere Zweifel. Diese Frau muss schon ein besonderes Verhältnis zu Jesus gehabt haben, dass er ihr das wert war.

In der Bibel finden wir mehr als 20 Stellen, in denen von Salbungen berichtet wird. Besondere Höhepunkte waren die Salbungen von Königen, Priestern und zuweilen auch Propheten, die dadurch zu ihrem Amt geweiht wurden. ‚Gesalbter des Herrn' – das bedeuten auch die Bezeichnungen ‚Messias' oder ‚Christus'.

Im Angesicht der Tatsache, dass Jesus der größten Erniedrigung und Verachtung entgegenging, ist dieses kostbare Nardenöl geradezu ein besonderes Bekenntnis zu ihm. Die Anwesenden – speziell die Jünger – sehen allerdings zunächst nur eine maßlose Verschwendung darin und reagieren mit entsprechenden Vorwürfen.

Ich kann ihr Verhalten gut nachvollziehen, denn Verschwendung gehört ja nun wirklich nicht zu den christlichen Tugenden, und auch wir hätten sicher sofort eine lange Liste von guten Zwecken parat, für die ein Christ sein Geld sinnvoll ausgeben sollte – ganz gewiss nicht für Äußerlichkeiten, und Jesus selbst ist ja immer in seiner persönlichen Bescheidenheit vorbildlich gewesen.

Aber unsere Liebe wird eng, wenn wir nur sehen, was vor Augen ist – wenn wir nur rechnen, was als angemessen gilt, und dabei an unseren eigenen Maßstäben hängen bleiben.

Eine Bekannte erzählte mir, wie bedrückend sie es empfindet, dass ihr Mann immer peinlich darauf bedacht ist, dass alle Kinder und Enkelkinder Geschenke genau im gleichen Wert bekommen – gerecht, aber steril. Ein bisschen mehr Spontaneität von Zeit zu Zeit – wie sie es sich wünscht – dafür hat er nicht das geringste Verständnis.

Wahre Liebe aber muss bereit sein, auch einmal ungewöhnliche Wege zu gehen und den üblichen Rahmen zu sprengen. Unser Predigttext ermutigt uns dazu.

Liebe zu schenken ist etwas Wunderschönes, aber leider kennen wir wohl alle die Erfahrungen, dass unsere Geschenke nicht immer die Freude auslösen, die wir uns vorgestellt haben, und so hat sich langsam die Sitte eingebürgert, lieber Geldscheine auszutauschen. Wahre Liebe aber bedeutet an erster Stelle persönliche Zuwendung. Auch das lehrt uns die Geschichte von der Salbung in Betanien:

Das Nardenöl allein macht es nicht. Das ist fest verschlossen in einer Alabasterflasche! Sein einzigartiger Duft entfaltet sich erst, als die Frau das Gefäß aufbricht, und ihre Liebe wird erst durch ihr Tun sichtbar. Das Johannes-Evangelium schildert das wesentlich ausführlicher und emotionaler als die Texte von Markus und Matthäus.

Was mir aber diese Geschichte besonders wertvoll macht, – und darin sind sich alle Evangelisten einig, das ist die Haltung von Jesus:

Er zeigt uns, wie wichtig es ist, Liebe nicht nur zu geben, sondern auch annehmen zu können.

Ich glaube, unsere Frau hätte die Fähigkeit, Liebe zu schenken, für immer verloren, wenn sich Jesus nicht ohne jedes ‚Wenn und Aber' auf ihre Seite gestellt hätte, und eine große Enttäuschung und Bitterkeit wären in ihrem Leben zurückgeblieben.

Die Unfähigkeit, Liebe auch annehmen zu können, kann jede Motivation töten. Sie ist einer der großen Liebeszerstörer schlechthin.

Ich möchte unseren Predigttext als Anregung nehmen, ein wenig darüber nachzudenken:

Wie sieht es mit unserer – mit Ihrer – Fähigkeit aus, Liebe anzunehmen?

Ich beobachte immer wieder, dass diese Fähigkeit bei vielen von uns ziemlich verkümmert ist, gerade auch, wenn wir von Kindheit an mit dem Wort aus der Apostelgeschichte aufgewachsen sind: „Geben ist seliger als nehmen".

Geben ist seliger als nehmen – das ist eine großartige Erfahrung. Aber verbauen wir nicht manchmal durch unser Verhalten anderen geradezu die Chance, diese Erfahrung ebenfalls zu machen?

Liebe geben und Liebe annehmen gehören zusammen, und welches die größere Kunst ist, möchte ich einmal dahingestellt sein lassen. Beides hat seine Zeit und beides erfordert ein hohes Maß an Fingerspitzengefühl.

In meinem früheren beruflichen Umfeld in der Krankenpflege war es mir oft ein richtiges Bedürfnis, gegen gewisse Auswüchse anzugehen. Um es ganz klar zu sagen: Krankenschwestern sind nicht auf ‚Trinkgelder' angewiesen, und es ist eine Unsitte, wenn der Eindruck besteht, jede Freundlichkeit und Zuwendung müsse mit einem Extra-Bonus belohnt werden. Manche Patienten werden ganz unruhig, wenn der Tag der Entlassung näher rückt: Wie soll man sich für die gute Pflege revanchieren? Wie viel geben die anderen? – und zugleich das Erschrecken, dass das ja ins Uferlose geht, wenn man jeden freundlichen Helfer bedenken will.

Und die Schwestern begeben sich oft auf eine echte Gratwanderung: Nehmen sie eine gutgemeinte Gabe nicht an, so beleidigen sie den Geber. Verweisen sie aber mit größter Selbstverständlichkeit auf ihre Stationskassen oder halten selbst die Hand auf, dann ist der gute Ruf schnell ruiniert.

Ich habe mich immer bemüht, unsere Patienten davon zu überzeugen, dass unser Beruf keine Freude mehr macht, wenn jede Liebenswürdigkeit aufgerechnet wird. Es gehört zur Zufriedenheit dazu, sich ein bisschen mehr einzubringen als es die Pflicht verlangt – und zwar ohne Gegengabe. Das sehen die meisten ein.

Warum ist es so schwer, einmal nur herzlich „Danke" zu sagen?!

In der Nachbarschaftshilfe ist es nicht anders. Da repariert der freundliche Nachbar den tropfenden Wasserhahn mit ein paar Handgriffen – und schon bekommt er zum Dank eine Flasche Cognac in die Hand gedrückt. Man will ihm ja nichts schuldig bleiben.

Und vor kurzem hörte ich von einer guten Bekannten, die immer die Hilfsbereitschaft in Person gewesen ist, dass sie durch eine schwere Krankheit ihren Arm kaum bewegen kann. Aber sie bringt es einfach nicht fertig, das Angebot ihrer Nachbarin anzunehmen, ihr regelmäßig die Treppe mitzuputzen – obwohl – oder gerade weil diese gesagt hat: „Das ist doch selbstverständlich, dafür nehme ich doch nichts an." Nun ist die Verlegenheit groß.

Aber da läuft doch etwas schief! Trauen wir allen anderen **weniger** Hilfsbereitschaft zu als uns selbst?

Kleine Gefälligkeiten sind zwar nur ein erster Schritt auf dem Weg zur Liebe – aber wie soll das weitergehen, wenn wir bereits die ersten Schritte blockieren?

Mit diesen Beispielen habe ich sicher nur eine Tür geöffnet, und es fallen Ihnen selbst viele Situationen aus Ihrem eigenen Erfahrungsbereich ein. –

Jesus besaß die Fähigkeit, Liebe zu geben, aber auch Liebe annehmen zu können, und er hat diese Frau sicher nicht nur in Schutz genommen, weil er ihren guten Willen anerkennen wollte, sondern weil sie ihm eine zwar ungewöhnliche, aber echte Freude gemacht hat, – und ich kann mich in seine Situation hineinversetzen, wie ich es am Anfang von Maria zu zeigen versucht habe:

Leben im unmittelbaren Angesicht des Todes – ohne Selbsttäuschung über sein grausames Ende – und das Wissen: 3 Tage noch! Das erzeugt eine Anspannung, die uns in hunderten von Briefen zum Tode Verurteilter bezeugt wird, und der Jesus als Mensch nicht weniger ausgesetzt war. Auch Menschen mit einer unheilbaren Krankheit kennen diesen Zustand. Trotz aller Beherrschtheit nach außen sind die Gedanken an den Tod ein ständiger Begleiter und beim leisesten Anstoß brechen sie hervor: „Arme habt ihr alle Zeit bei euch, mich aber nicht!" „Sie hat im Voraus meinen Leib für mein Begräbnis gesalbt." –

Man kann sehr einsam sein, wenn die nächsten Angehörigen – in diesem Falle die Jünger – diese Gedanken verdrängen und nicht mittragen. Umso größer die Zuwendung dieser Frau!

Einen Augenblick liebevoll verwöhnt zu werden, ohne zu fragen, ob es vernünftig ist und ob es sich noch lohnt – das tut gut!

Ein Augenblick der Entspannung in diesen überaus konzentrierten Stunden!

Diese Frau hat auch nach unseren modernen psychologischen Erkenntnissen ein wahrhaft gutes Werk getan. Wir können hier von ‚Sterbebegleitung' im weitesten Sinne sprechen, die wohl die höchsten Anforderungen an die Liebe überhaupt stellt.

Vorbildlich ist diese Frau durch ihre Fähigkeit, sensibel zu sein für eine Situation, die besondere Liebe erfordert, und durch ihren Mut zu unkonventionellem Handeln.

Es ist erschütternd, dass es Jesus nicht vergönnt ist, dieses Zeichen der Liebe, das er hier erfährt, einfach nur zu genießen. Das Unverständnis der Anwesenden und ihre ausgesprochenen und unausgesprochenen Vorwürfe erfordern von ihm schon wieder ein aktives Eingreifen.

Ich bin Jesus dankbar, dass er diese Geschichte unter seine Verheißung gestellt hat: „Amen, ich sage euch, überall auf der Welt, wo das Evangelium verkündet wird, wird man sich an sie erinnern und erzählen, was sie getan hat."

Diese Verheißung hat sich wörtlich erfüllt bis zum heutigen Tag.

Und damit ruht seine Verheißung zugleich auf jeder Liebe, die bereit ist, das Außergewöhnliche zu wagen, – einer Liebe, die höher ist als alle Vernunft.

9. Aus den Abschiedsreden Jesu

– eine Fülle von schwerwiegenden Gedanken nebeneinander

Johannes 16, 16 – 24 (rev. Lutherübersetzung 1984)

Jesus sprach zu seinen Jüngern: Noch eine kleine Weile, dann werdet ihr mich nicht mehr sehen, und abermals eine kleine Weile, dann werdet ihr mich sehen.

Da sprachen einige seiner Jünger untereinander: Was bedeutet das, was er zu uns sagt: ‚Noch eine kleine Weile, dann werdet ihr mich nicht sehen, und abermals eine kleine Weile, dann werdet ihr mich sehen'; und: ‚Ich gehe zum Vater'?

Da sprachen sie: Was bedeutet das, was er sagt: ‚Noch eine kleine Weile'?
Wir wissen nicht, was er redet.

Da merkte Jesus, dass sie ihn fragen wollten, und sprach zu ihnen:
Danach fragt ihr euch untereinander, dass ich gesagt habe: Noch eine kleine Weile, dann werdet ihr ich nicht sehen, und abermals eine kleine Weile, dann werdet ihr mich sehen?

Wahrlich, ich sage euch: Ihr werdet weinen und klagen, aber die Welt wird sich freuen. Ihr werdet traurig sein, doch eure Traurigkeit soll in Freude verwandelt werden.

Eine Frau, wenn sie gebiert, so hat sie Schmerzen; denn ihre Stunde ist gekommen. Wenn sie aber das Kind geboren hat, denkt sie nicht mehr an die Angst um der Freude willen, dass ein Mensch zur Welt gekommen ist.

Und auch ihr habt nun Traurigkeit, aber ich will Euch wiedersehen, und euer Herz soll sich freuen, und eure Freude soll niemand von euch nehmen.

An dem Tage werdet ihr mich nichts mehr fragen.

Wahrlich, wahrlich, ich sage euch: Wenn ihr den Vater um etwas bitten werdet in meinem Namen, wird er's euch geben.

Bisher habt ihr um nichts gebeten in meinem Namen. Bittet, so werdet ihr nehmen, dass eure Freude vollkommen sei.

Es ist der letzte Abend im irdischen Leben Jesu, den er zusammen mit seinen Jüngern verbringt. Judas hat den Raum bereits verlassen und ist auf dem Wege, zum Verräter zu werden. Das Wirken Jesu in der Öffentlichkeit ist abgeschlossen.

Jetzt widmet er sich ganz seinen Jüngern, um sie auf seinen Tod vorzubereiten.

Johannes schildert uns das in Form von Tischgesprächen, die Jesus am Vorabend des Passahfestes mit seinen Jüngern führt, und diese Abschiedsgespräche nehmen im Johannesevangelium einen sehr breiten Raum ein.

Unser heutiger Text ist nur ein kleiner Auszug daraus, aber sicher ein besonders schwieriger, denn es geht hier nicht nur um Jesu Tod, sondern auch um seine Wiederkunft am Ende der Zeiten, und das geht eben weit über die Erfahrungswelt und die Vorstellungskraft der Jünger hinaus. Ich kann verstehen, dass sie sich untereinander fragen, was seine Worte bedeuten.

Aber ihr Verhalten ist typisch für uns Menschen bis in unsere heutige Zeit: Man stellt seine Fragen nicht dem Betreffenden selbst, sondern da wird im Hintergrund gemurmelt, was derjenige wohl gemeint haben könnte, und im Handumdrehen sind Spekulationen Tor und Tür geöffnet.

Ich selbst habe solche Erfahrungen früher in meiner Vorgesetztenposition als Pflegedienstleiterin gemacht und mich jedes Mal erschrocken gefragt:

> Warum bin ich nicht verstanden worden?
> Habe ich mich denn so unklar ausgedrückt?
> Und warum fragen meine Mitarbeiter/innen nicht gleich zurück?
> Ich strahle doch unmöglich so viel Distanz aus, dass sie sich nicht trauen. –

Es kostet sehr viel Kraft, Missverständnisse, die sich zusammengebraut haben, wieder abzubauen. Deshalb beeindruckt es mich, dass Jesus die Situation unter seinen Jüngern sofort durchschaut hat und ihnen Rede und Antwort steht. Aber in seiner Reaktion steckt auch der leise Vorwurf: „Warum fragt ihr euch untereinander und nicht mich selbst?"
– eigentlich tröstlich, dass es Jesus nicht anders ging als uns in unserem Alltag.

Was hindert uns immer wieder daran, unsere Fragen direkt zu stellen?

Oft ist es persönliche Unsicherheit. Man hat Sorge, sich zu blamieren, wenn man eingesteht, dass man den anderen nicht verstanden hat – besonders wenn dieser höher gestellt ist. Im Krankenhaus habe ich oft erlebt, dass sich die Patienten viel lieber mit ihren Fragen an die Schwestern, die Hausangestellten oder an die Mitpatienten wenden, wenn sie die Ausführungen ihres Arztes nicht richtig verstanden haben, als an den Arzt selbst.

Sehr oft stellen wir aber auch unsere Fragen nicht offen, weil wir uns vor der Antwort fürchten. Wir ahnen vielleicht, dass dann eine Wahrheit zutage kommen könnte, die für uns nur schwer zu verkraften ist, und das trifft natürlich besonders auf Fragen zu, bei denen es um Leben und Tod geht.

Die Jünger Jesu waren in einer solchen Situation. Sie mussten sich mit dem Tod ihres Herrn und Meisters auseinandersetzen. Er hatte sie in den vorangegangenen Gesprächen bereits deutlich darauf vorbereitet. Schon in Kürze würde nichts mehr sein wie es war. Sein Tod würde auch ihr Leben entscheidend verändern. Ob es doch noch einen Funken Hoffnung gab, wenn Jesus jetzt davon sprach: „Ich gehe zum Vater, und nach einer kleinen Weile werdet ihr mich wiedersehen"?

Schon nach einer kleinen Weile? Wusste Jesus vielleicht doch noch einen Ausweg? War am Ende alles halb so schlimm? – Wie gern würde man das glauben!

Jesu Antwort ist anders. Er beantwortet ihre Frage nicht, was eine kleine Weile bedeutet, denn bei Gott gelten andere Zeitbegriffe. Für den Augenblick gilt: Es gibt kein Zurück, und auf die Jünger wartet eine schwere Zukunft. Er sagt ihnen voraus: „Ihr werdet weinen und klagen, aber die Welt wird sich freuen."

Jesus selbst hat die Schadenfreude seiner Gegner am Kreuz ertragen müssen. Trauern und Klagen werden von ihm nicht als Zeichen des Unglaubens abgewertet – wie wir es manchmal untereinander tun – sondern er lässt unser Klagen ganz selbstverständlich zu. Er verspricht den Seinen nicht die Bewahrung vor Leiden, wohl aber Halt im Gebet. Nicht die Traurigkeit hat das letzte Wort sondern die Freude. Jesus schenkt den Seinen eine ganz neue Hoffnung; denn er lenkt den Blick über unseren engen irdischen Horizont hinaus auf seine Wiederkunft am Ende der Zeiten. Seine Verheißung, dass dann alles Leid ein Ende hat, gilt auch für uns.

Dann werden alle quälenden Fragen zur Ruhe kommen, und es wird nur noch große Freude herrschen, – eine Freude, die sich mit unseren irdischen Maßstäben nicht beschreiben lässt. Aber damit wir uns heute schon eine kleine Vorstellung davon machen können, wählt Jesus das Bild von der glücklichen Geburt eines Kindes. Das können die meisten von uns gut nachvollziehen, ob wir nun selbst Eltern sind oder nicht. Jede(r) von uns hat wohl schon die Gelegenheit gehabt, sich mit einer Familie zu freuen, wenn die gute Botschaft kam: „Mutter und Kind sind wohlauf".
Diese Erleichterung und Freude! Da hat Jesus wirklich ein gutes Bild gewählt.

Unsere Freude lebt davon, dass etwas geschieht, wofür wir von Herzen dankbar sein können, was aber nicht selbstverständlich ist. In unserer Welt ist Freude etwas Besonderes und nicht der Normalzustand. Freude, die nie vergeht, können wir uns deshalb auch kaum vorstellen. Aber bei Jesus hat sie einen ganz hohen Stellenwert. Freude und Gemeinschaft mit ihm werden einmal untrennbar zusammengehören. Das zieht sich wie ein roter Faden durch seine Abschiedsreden. Ich glaube, dass man deshalb auch einem Sonntag in der Mitte der Passionszeit den Namen „Laetare" gegeben hat, d. h. „Freuet euch!".

Bis Jesus wiederkommt, werden wir allerdings noch mit vielen offenen Fragen leben müssen – mit Katastrophen, Kriegen und Gewalt, die uns durch die Medien heute umgehend nahegebracht werden.

Persönliche Hilflosigkeit erleben wir aber auch immer wieder, wenn wir einem Menschen mit einer unheilbaren Krankheit im Angesicht des Todes beistehen wollen und sein Leiden mit ansehen müssen. Besonders schwer ist es, wenn der Kranke keine Beziehung zu Jesus hat. Wenn ihm das Wiedersehen mit Jesus nichts bedeutet, reden wir sehr leicht aneinander vorbei. Das sind bittere Erfahrungen, und wir können den Kranken wahrscheinlich nur im stillen Gebet begleiten.
Ich arbeite in einer Klinik, in der viele Patienten zur Krebsnachsorge aufgenommen werden. Sie sind durchweg über die Bösartigkeit ihres Leidens aufgeklärt. Doch sie kommen meistens mit der Hoffnung, ihre Krankheit noch einmal besiegen zu können. Aber daneben ist die Angst, dass das nur kurzfristig möglich sein wird, ein ständiger Begleiter. Wir nehmen ihre Sorgen und Befürchtungen ernst und bieten ihnen psychologische Hilfe an. Ich erlebe hier täglich viel Tapferkeit, aber leider selten auf der Grundlage unseres Glaubens. Und doch gibt es keinen besseren Trost als ihn Jesus seinen Jüngern zuspricht. Auf ihn kann ich mich berufen, weil ich ihm vertraue.

Es ist nicht meine Aufgabe, zu versuchen, die Fragen nach dem Sinn des Leidens zu beantworten. Das wäre eine Anmaßung. Aber ich kann darauf hinweisen, dass die Antwort bei Gott liegt und dass wir spätestens in jener zukünftigen Welt erkennen werden, was es bedeutet, dass Gott die Liebe ist, und dass diese Liebe jedem von uns gilt. Doch schon heute dürfen wir Gott um seinen Trost und Beistand bitten. Darauf ruht die ausdrückliche Verheißung, die uns Jesus im Angesicht seines Todes gegeben hat: *„Bittet den Vater in meinem Namen, so werdet ihr empfangen, dass eure Freude vollkommen sei."*

Jesus nennt diesen großen Gott „Vater" und er fordert uns ausdrücklich auf, in seinem Namen zu Gott zu beten.

Ich glaube, im Namen Jesu zu bitten, macht es uns leichter, mit Gott zu sprechen, denn mit Jesus verbinden wir eine Vorstellung von Gott, die für uns einfach näher liegt, weil er unter uns als Mensch lebte. Es bedeutet aber auch zugleich **im Sinne Jesu** zu bitten, so wie er es uns selbst gelehrt hat.

Wir dürfen alles vor ihn bringen, was wir auf dem Herzen haben, aber dazu gehört auch die Bitte um die Kraft, sagen zu können „Dein Wille geschehe".

10. Der Todeskampf Jesu in Gethsemane

– allein vor Gott

Predigttext:

Lukas 22, 39 – 46 (rev. Lutherübersetzung 1984)

Und Jesus ging nach seiner Gewohnheit hinaus an den Ölberg. Es folgten ihm aber auch die Jünger.

Und als er dahin kam, sprach er zu ihnen: „Betet, damit ihr nicht in Anfechtung fallt!“

Und er riss sich von ihnen los, etwa einen Steinwurf weit, und kniete nieder und betete

und sprach: „Vater. willst du, so nimm diesen Kelch von mir; aber nicht mein, sondern dein Wille geschehe!“

Es erschien ihm aber ein Engel vom Himmel und stärkte ihn.

Und er rang mit dem Tode und betete heftiger. Und sein Schweiß wurde wie Blutstropfen, die auf die Erde fielen.

Und er stand auf von dem Gebet und kam zu seinen Jüngern und fand sie schlafend vor Traurigkeit,

und sprach zu ihnen: „Was schlaft ihr? Steht auf und betet, damit ihr nicht in Anfechtung fallt!“

Es gibt wohl kaum eine Ge*sc*hichte in der Bibel, in der uns Jesus Christus menschlich so nahe kommt wie in seinem Gebetskampf im Garten Gethsemane.

Nicht nur Lukas berichtet darüber sondern – sogar noch ausführlicher – auch die Evangelisten Markus und Matthäus.

Es berührt mich, wie sehr Jesus in seinem irdischen Leben ganz Mensch war, der Todesangst kannte wie wir. Diese Angst hat nichts mit Feigheit zu tun, sondern sie gehört einfach zum Menschsein dazu. Wer seinen Tod voraussehen kann, wird von einer solchen Krise nicht verschont bleiben.

Die berühmte Sterbeforscherin Dr. Elisabeth Kübler-Ross hat uns dazu einen besonderen Zugang eröffnet. Sie hat hunderte von Patienten in ihrer letzten Lebensphase begleitet – von der Diagnose einer unheilbaren Krankheit bis zu ihrem endgültigen Tod. In ihren Interviews hat sie die betroffenen Menschen mit viel Fingerspitzengefühl, aber auch mit großer Offenheit nach ihren Empfindungen und Ängsten befragt. Dabei wurde deutlich: Sich auf den eigenen Tod einzulassen, ist eine sehr schwere Aufgabe. Sie ist mit viel Angst verbunden und verlangt eine große seelische Anpassungsleistung. Trotzdem tat den meisten Patienten dieses Gespräch gut.

Anhand ihrer großen Erfahrungen sprach Frau Dr. Kübler-Ross davon, dass das Sterben ein Prozess ist, der immer wieder in ähnlichen Phasen abläuft. Dazu gehören Zeiten des Aufbegehrens, der Versuch, mit Gott zu verhandeln, Stunden der Depression, aber schließlich auch die Annahme des eigenen Sterbens – die Phase der Zustimmung. Dieses Wissen kann für Menschen, die beruflich oder privat Sterbende begleiten, eine wertvolle Orientierungshilfe sein, und besonders Angehörigen können diese Zusammenhänge helfen, die Reaktionen eines geliebten, todkranken Menschen besser zu verstehen.

Für Sterbende, die ihr Vertrauen auf Jesus Christus setzen, kann gerade die Todesnot, die Jesus in Gethsemane durchlitten hat, außerordentlich tröstlich sein, denn sie zeigt ihnen, dass sie sich ihrer eigenen Angst nicht zu schämen brauchen. Sie ist kein Zeichen von mangelndem Gottvertrauen oder zu schwachem Glauben. Jesus selbst ist diese Angst nicht erspart geblieben. Damit ist er für uns zum Bruder geworden, der uns im Leiden ganz nahe sein will. Wenn wir in unserer Not zu ihm beten, dann kann das sehr persönlich sein. Jesus weiß, wovon wir reden und wie schwer es sein kann „Ja“ zu Gottes Willen zu sagen. Das gilt nicht nur im Angesicht des Todes, sondern auch in anderen schweren Entscheidungen in unserem Leben, zu denen wir uns durchringen müssen.

Jesus ist für uns keine abgehobene, fremde oder gar bedrohliche Übermacht. Das unterscheidet unseren christlichen Glauben von vielen anderen Religionen. Es bedeutet jedoch nicht, dass Jesus mit uns auf einer Stufe steht; denn er ist in unsere Welt gekommen, um uns zu erlösen. Sein Leben und Sterben gehören zu Gottes Heilsplan für unsere gefallene Welt. Jesus hat seinen Auftrag immer ernst genommen und nie im Widerspruch zu Gottes Willen gehandelt – und damit hat er oft ganz neue Maßstäbe gesetzt. Er hat sich dadurch mehr als einmal in Lebensgefahr gebracht. Aber er konnte jedes Mal seinem Tod ausweichen; denn die Zeit für seinen Tod war noch nicht reif.

Doch diesmal ist alles anders. Seit seinem Einzug in Jerusalem spitzt sich die Situation zu. Die Stimmung in der Bevölkerung und unter den geistlichen Führern des Volkes schwankt zwischen Zustimmung und Ablehnung bis hin zu echter Feindseligkeit. Die Gespräche bieten immer mehr Zündstoff. Jesus selbst provoziert geradezu eine Entscheidung für oder gegen ihn. Die Jünger werden immer unruhiger. Muss Jesus jetzt nicht endlich seine Macht zeigen, die Macht, die man von ihm als Messias erwartet? Oder kommt es zur Katastrophe? Es fällt ihnen schwer zu verstehen, dass Jesus sie lehrt *„Mein Reich ist nicht von dieser Welt“* und dass er sie auf den Abschied vorbereitet. Diese letzten Lebenstage Jesu sind außerordentlich konzentriert. Lukas schreibt: „Nachts ging Jesus zum Ölberg, aber schon in den frühen Morgenstunden strömten die Menschen zum Tempel, um ihn predigen zu hören.“

Und plötzlich kommt die Nacht der Entscheidung, in der Jesus allein ist – nur in Begleitung seiner übermüdeten Jünger, die ihn nicht verstehen.

Der Garten Gethsemane ist ein Ort der Ruhe, fernab von allem Trubel. Aber er wäre auch als Fluchtweg für Jesus geeignet gewesen – fort von der Stadt in die Berge, wo man ihn nicht so schnell gefunden hätte. Wir haben sein Gebet noch im Ohr: „Vater, ist’s möglich, so nimm diesen Kelch von mir. Doch nicht wie ich will, sondern wie du willst.“

Nur Lukas berichtet von der Erscheinung eines Engels, der Jesus stärkte. Doch wie sieht diese Stärkung aus, wenn danach der Todeskampf noch heftiger weitergeht? – Ich glaube, dass Jesus in diesem Augenblick letzte Klarheit und Gewissheit erlangt hat, dass für ihn kein Weg am Kreuz vorbei geht. Es ist sinnlos, seine Kraft auf

Fluchtgedanken zu konzentrieren. Die Phase des Verhandelns ist abgeschlossen. Aber was für ein furchtbarer Tod ist das, dem Jesus jetzt ins Auge sehen muss: Körperlich gehört die Kreuzigung zu den qualvollsten Todesstrafen, die dem Verurteilten jede Würde nimmt, und seelisch muss Jesus ertragen, dass alles, wofür er gelebt hat, verspottet wird, und besonders schwer ist es, wenn man die Menschen, die einem am nächsten stehen, enttäuschen muss. Für sie wird nichts mehr sein wie es einmal war.

Werfen wir noch einen letzten – sehr menschlichen Blick – auf die schlafenden Jünger. Es ist sicher kein Schlaf aus Gleichgültigkeit, sondern einer unserer natürlichen Schutzmechanismen, die uns vor Überforderung schützen. Vielleicht haben sie ja schon viele schlaflose Nächte hinter sich in dieser angespannten Situation. Es gibt tatsächlich ein ‚Schlafen aus Traurigkeit', wie es in unserem Text heißt. Es ist wie eine Flucht in den Schlaf mit der unbestimmten Hoffnung, dass beim Erwachen alles nur ein böser Traum war. Vielleicht haben Sie das ja auch schon einmal am eigenen Leibe erlebt. Mein Vater hat oft von solchen Erfahrungen aus dem Krieg erzählt. –

Jesus bleibt in seinem Todeskampf allein vor Gott, und es ist eine unglaubliche Last, die ihn niederdrückt. Doch nach seinem Gebetskampf geht er seinen Leidensweg konsequent und bis zuletzt mit großer innerer Überlegenheit. Gethsemane wird für Jesus als Mensch zu seinem persönlichen Sieg über die Todesangst. Aber erst Ostern wird der Tod zum besiegten Feind für uns alle.

Gott bekennt sich zu Jesus nicht durch die Abwendung des Kreuzestodes sondern danach. Er identifiziert sich mit dem Gekreuzigten. Die Auferstehung Jesu ist dann allerdings ein so einzigartiges Bekenntnis Gottes zu Jesus, dass damit alle Grenzen gesprengt werden.

Nur von Ostern her können wir singen: „Was Gott tut, das ist wohlgetan. Es bleibt gerecht sein Wille."

11. „Das Wort vom Kreuz“

Gottes Weisheit übersteigt unser menschliches Verstehen

Predigttext:
1. Korinther 1, 17b – 24 (Einheitsübersetzung)

Christus hat mich gesandt, das Evangelium zu verkündigen, aber nicht mit gewandten und klugen Worten, damit das Kreuz Christi nicht um seine Kraft gebracht wird.

denn das Wort vom Kreuz ist denen, die verloren gehen, Torheit;
uns aber, die gerettet werden, ist es Gottes Kraft.

Es heißt nämlich in der Schrift: „Ich lasse die Weisheit der Weisen vergehen und die Klugheit der Klugen verschwinden.“

Wo ist ein Weiser? Wo ein Schriftgelehrter? Wo ein Wortführer in dieser Welt? Hat Gott nicht die Weisheit der Welt als Torheit entlarvt?

Denn da die Welt angesichts der Weisheit Gottes auf dem Weg ihrer Weisheit Gott nicht erkannte, beschloss Gott, alle, die glauben, durch die Torheit der Verkündigung zu retten.

Die Juden fordern Zeichen; die Griechen suchen Weisheit.

Wir dagegen verkündigen Christus als den Gekreuzigten:
für Juden ein empörendes Ärgernis, für Heiden eine Torheit,
für die Berufenen aber, Juden wie Griechen,
Christus, Gottes Kraft und Gottes Weisheit.

Als erstes muss ich dem Apostel Paulus widersprechen, wenn er zu Beginn unseres Textes sagt, dass er das Wort vom Kreuz nicht mit gewandten und klugen Worten verkündigt, denn was er uns hier zumutet, ist eine Theologie des Kreuzes, die wesentlich anspruchsvoller ist als er behauptet.

Ich bin Gott dankbar, dass ich von Kindheit an mit der zentralen Botschaft des Kreuzes für mein Leben aufgewachsen bin. Sie gehört einfach als Herzstück meines Glaubens dazu, – aber ich stelle mit Erschrecken fest, dass ich ins Schwimmen gerate, wenn ich Außenstehenden mit schlichten, überzeugenden Worten überbringen will, wieso gerade das Wort vom Kreuz eine Gotteskraft ist.
Hierüber nachzudenken, soll deshalb heute der Schwerpunkt meiner Predigt sein.

Bei uns in Bonn herrscht Samstagvormittag auf dem Münsterplatz immer besonders viel Betrieb. Da sind dann die verschiedensten weltanschaulichen und parteipolitischen Gruppen mit ihren Ständen und Programmen vertreten, national und international. Es ist zwar nach dem Umzug der Regierung nach Berlin etwas ruhiger geworden, aber noch kann man behaupten, was für London der berühmte Heyde-Park ist, das ist für uns in Bonn der Münsterplatz. Man kann dort im Vorbeigehen mit den einzelnen Vertretern so herrlich unverbindlich oder auch polemisch diskutieren. Wir haben vor einiger Zeit im Gemeindevorstand überlegt, ob wir uns dort auch einmal mit einem Stand einbringen sollten.

Wenn ich mir nun vorstelle, ich stehe dort mitten zwischen allen Weltverbesserern als Vertreterin meiner Kirche und meines Glaubens – dann ist es plötzlich aus mit der Unverbindlichkeit. Was habe ich dann Besonderes zu bieten?

Soziales Engagement? Mitmenschlichkeit? Dritte Welt? Menschenrechte?
Davon reden die anderen auch und nicht weniger engagiert.
Bewahrung der Schöpfung? Umweltprobleme? – auch längst vertreten.

Und so geht es weiter. Alle Probleme dieser Welt haben irgendwo ihren Stand und zwar überwiegend völlig unabhängig von christlichem Gedankengut.

Wenn wir also gefragt werden, was denn das Besondere an unserem Glauben ist, was wir zu bieten haben, was andere nicht kennen, so müssen wir ehrlicherweise feststellen, dass eigentlich alles – zumindest ansatzweise – auch in anderen Weltanschauungen und Religionen, aber auch in Parteiprogrammen und ganz neutralen ethischen Bemühungen vorhanden ist, nur eines nicht:

> Die Botschaft von Christus, dem Gekreuzigten
> als Gottes Kraft und Gottes Weisheit.

Sehen wir als Christen eine Auszeichnung darin oder kommen wir uns nicht plötzlich sehr naiv vor? Mogeln wir uns nicht allzu gern um diese zentrale Botschaft unseres Glaubens herum?

Als Roman Herzog 1994 Bundespräsident wurde, gab er in der Zeitschrift ‚ideaSpektrum' ein Interview, in dem er zu Fragen des Glaubens und der Kirche sagte: „Die Theologie tritt die Flucht ins Soziologische an – und das führt seit Jahren in unseren evangelischen Kirchen zu einem Substanzverlust. Die Menschen gehen nicht in die Kirche, um über wirtschaftliche, ökologische und politische Fragen informiert zu werden, sondern um Antwort zu bekommen auf die Sinnfrage ihres Lebens. Die Kirche muss deshalb stets bei dem bleiben, was ihre eigentliche Identität ausmacht, nämlich auf den Gekreuzigten hinzuweisen." – Und dann sagte er ganz persönlich: „Meine Suche nach etwas, das mir Kraft gibt, führt zu dem Gekreuzigten."

Wer seinen Glauben ernst nimmt – und darüber sollte sich jeder von uns im Klaren sein – der ist immer wieder gefordert, sich Rechenschaft abzulegen:
Kann ich mit einfachen, verständlichen Worten darüber sprechen, was es heißt ‚Christus für mich gestorben'?

Vielleicht sind Sie ja einen wesentlichen Schritt weiter als ich, – aber für mich ist das eine echte Herausforderung.
Warum eigentlich?
Im normalen Alltag gelingt es uns gewöhnlich doch recht gut, Dinge, von denen wir wirklich überzeugt sind, auch entsprechend zu vertreten, und es gilt die Regel: Was wir verstanden haben, das können wir auch ausdrücken.

Ich glaube deshalb: Wenn wir Schwierigkeiten haben, das Wort vom Kreuz so überzubringen, dass es nicht gleich als Torheit oder Zumutung abgelehnt wird, so müssen wir uns fragen, ob wir nicht selbst Verstehenshindernisse mit uns herumtragen, die wir vielleicht bisher verdrängt haben.
Es gehört etwas Mut dazu, sich das einzugestehen, aber es ist hilfreich.
Schlimm wäre es dagegen, wenn unser Glaubensbekenntnis zur bloßen Deklamation verkommen würde.

Gerade wenn wir in der Sprache der Bibel zuhause sind, merken wir oft lange nicht, dass Begriffe und Vorstellungen, die uns vertraut sind, für den normalen Zeitgenossen längst nicht mehr ohne weiteres zugänglich sind – und das gilt nicht zuletzt für die Aussagen des Neuen Testaments zum Tode Jesu.

Werden wir damit konfrontiert, so können wir leicht in Verlegenheit geraten. Das bedeutet jedoch nicht, dass wir es nötig hätten, das Wort vom Kreuz zu schmälern oder zu verkürzen, wie wir es heute leider oft erleben.

Es kann uns weiterhelfen, wenn wir zwei Dinge klar unterscheiden:
Die Kreuzigung Jesu als geschichtliches Ereignis einerseits
und dem gegenüber der Versuch aller Evangelisten und Apostel, den Sinn seines Todes den Menschen ihrer Zeit verständlich zu machen.

Für die Verfasser des Neuen Testaments ist die Bedeutung des Kreuzestodes Jesu ein so zentrales Anliegen, dass sie immer wieder neue Bilder und Vergleiche heranziehen, – aber es sind und bleiben Versuche, etwas Einzigartiges, das über alle menschliche Weisheit hinausgeht, zur Sprache zu bringen.

Da sie sich an Gemeinden mit völlig unterschiedlichen Voraussetzungen zu wenden hatten, fällt auch ihre Sprache immer wieder etwas anders aus. So kann man z. B. die Empfänger des Hebräerbriefs nicht mit den Korinthern vergleichen.

Wir stehen heute allerdings etwas verwirrt vor einer Vielzahl von Deutemodellen, die sich nicht immer zur Deckung bringen lassen. Hinzu kommt, dass wir die Opfer-und Rechtsvorstellungen des Alten und Neuen Testaments nicht mehr ohne weiteres nachvollziehen können. Die damaligen Begriffe von Sühne und Todesstrafe oder die Realität des Sklavenhandels sind für uns nur noch geschichtlich interessant. Und warum sollten wir uns diese Zeiten auch zurückwünschen?

Daraus ergibt sich: Was für die Menschen damals Verstehenshilfe war, kann bei uns heute gerade das Gegenteil bewirken und zum Verstehenshindernis werden, zumindest aber zum Verstehensumweg.

Begriffe wie ‚Passahlamm' oder ‚Lamm Gottes', ‚Versöhnungstag', ‚Bundesopfer', ‚Loskauf' oder die Funktion des Hohen Priesters müssen heute von uns in mühsamer Arbeit nach ihrem eigentlichen Sinn hinterfragt werden. Da das oft unterlassen wird, brauchen wir uns nicht zu wundern, wenn Missverständnissen Tor und Tür geöffnet sind.

Die Apostel zur Zeit Jesu wollten zum Ausdruck bringen:
Wenn schon die Ordnungen des Alten Bundes, die Gott Israel gegeben hat, wenn schon Kulthandlungen, die damals jeder kannte, besondere Wirkungen hatten, – um wie viel mehr wird das alles **überboten** durch Jesus Christus, den Gekreuzigten! Begriffe wie ‚Opferlamm', ‚Sündenbock', ‚Bundesopfer' oder ‚Hoher Priester' sind nur ein schwacher Vergleich, denn Jesus sprengt diesen Rahmen.

Das alles ist damit auch abgetan: Die Opfer hören auf, der Hohe Priester hat kein Mandat mehr. Die Grenzen des Judentums werden überschritten.

In diesem Sinne schreibt Paulus im 2. Korintherbrief: *„Das Alte ist vergangen, siehe Neues ist geworden!"*

Die Lehre, dass Gott den Tod seines Sohnes als Genugtuung für unsere Sünden fordert, erlangte übrigens erst im Mittelalter durch den Philosophen und Erzbischof Anselm von Canterbury besondere Bedeutung.

Wir dürfen uns heute ruhig von Bildern trennen, die in unserer Zeit zum Glaubenshindernis geworden sind. Entscheidend ist, dass Gott uns in Jesus die Hand zur Versöhnung reicht.

Jesus spricht Menschen mit tiefsten sündhaften Verstrickungen im Namen Gottes Vergebung zu, hält Tischgemeinschaft mit ihnen und beruft sie zu Mitarbeitern am Reich Gottes. Damit verharmlost Jesus jedoch die Sünde nicht, im Gegenteil: Nirgends wird der Mensch so bis an die Wurzel in seinem Sünder-Sein durchleuchtet wie bei Jesus. In der Bergpredigt geht Jesus weit über das Gesetz hinaus und hält darin auch uns einen radikalen Spiegel vor.

So wie Jesus sich verhält, muss er für den frommen Juden schon zu Lebzeiten zu einem empörenden Ärgernis werden.

„Wo ist ein Schriftgelehrter?" fragt Paulus in unserem Text.

Nun, sie sind auf dem Plan, die Schriftgelehrten, die ihre Bibel genau kennen und wissen, dass der Bund Gottes mit seinem Volk davon abhängt, dass das Gesetz Gottes buchstabengetreu erfüllt wird. Sie haben nicht das Recht, es zu verkürzen, noch darüber hinauszugehen. Mit der Verantwortung für das Gesetz ist auch die Sorge um die Funktion des Tempels verbunden.

Wenn nun Jesus Sündern Gnade verheißt ohne Sühneaktion, ohne Opfer und ohne die im Gesetz gezogenen Grenzen – und dies, als sei er der Stellvertreter Gottes – dann sind Opfer- und Priesterdienst infrage gestellt. Wer sich so verhält, ist in ihren Augen ein Verführer und muss durch seine Hinrichtung vor aller Augen ins Unrecht gesetzt werden.

Logik dieser Welt – selbst des religiösen Menschen – gegen die Logik Gottes in Jesus; denn was Jesus tut, tut er aus Liebe zum Vater und in der Liebe des Vaters: Jesus verheißt nicht nur die gnädige Annahme des Sünders, sondern er vollzieht sie ganz konkret, wie wir es in vielen Berichten in den Evangelien lesen.

Wesentlich deshalb kommt Jesus schließlich ans Kreuz.

Ein falscher Bürge?
„Bist du Gottes Sohn, so steig herab vom Kreuz!"
– Die Juden fordern Zeichen.

Jesus durchleidet sein Eintreten für den Sünder bis zur letzten Konsequenz – erst danach geschieht Ostern!

Durch die Auferstehung Jesu wird dann allerdings von Gott alles auf einzigartige Weise bestätigt, was Jesus in seinem Leben gelehrt und getan hat.

Seine Gnade, seine Sündenvergebung gilt und ist in Kraft gesetzt – nicht nur damals für einzelne, sondern ein für allemal – und damit für jeden von uns.

Ostern setzt den Gekreuzigten für immer ins Recht, zugleich aber auch seine Mörder ins Unrecht. Das akzeptiert man nicht so leicht. Das ist und bleibt noch lange ein Ärgernis. Am liebsten würde man das Gegenteil beweisen.

– Solche Regungen kennen wir doch auch!

Auch das Verhalten der Griechen, von denen Paulus in unserem Text spricht, ist heute aktueller denn je: ‚Suche nach Weisheit, um dadurch zu einer sog. Bewusstseinserweiterung und zu einem höheren Sein zu gelangen'. Dass das Wort vom Kreuz dabei als Torheit angesehen wird, ist schon fast selbstverständlich.

Ich habe das vor einigen Jahren fast hautnah erlebt, als im Schwesternkreis unserer Klinik Esoterik groß in Mode war. Bücher zur Selbstfindung und Anleitungen zu positivem Denken machten die Runde und bestimmten die Gespräche. Das wäre an sich nicht schlimm, aber ich hatte plötzlich das Gefühl, als Vorgesetzte gegen eine Mauer von Unzufriedenheit anzukämpfen, die aus beruflicher Sicht unbegründet war, und ich erlebte, wie Ehen und Beziehungen zerbrachen und viel Kummer zurückließen. Ausgelöst wurde das ganze von einer Kollegin, von der ich bis dahin eigentlich immer eine hohe Meinung gehabt hatte. Sie verstand es, ihre Sicht der Dinge sehr liebevoll überzubringen, und plötzlich unterlagen alle der Faszination von Tarot-Karten und ostasiatischer Weisheitslehre. Absurd wurde es, als sie sich von ihrem Mann scheiden ließ, weil ihr eine Wahrsagerin gesagt hatte, dass ihr Mann in kriminelle Machenschaften verwickelt sei und sie sich und ihre Kinder davor schützen solle. Weitere Beweise gab es dafür nicht. Es war erschütternd, wie sie von Selbstverwirklichung träumte und sich dabei in Fremdbestimmung verstrickte, und sie ist keine Ausnahme! Paulus würde hier sicher zu Recht fragen: „Hat Gott nicht die Weisheit der Welt als Torheit entlarvt?" –

In unserem Predigttext soll nicht die Weisheit generell abgewertet werden, denn echte Weisheit ist ein Geschenk Gottes. Sie macht den Menschen sehr bescheiden und würde sich nie anmaßen, Gottes Wege zu durchschauen und sich selbst zum Mittelpunkt zu machen. Es ist gut, dass Gott unserer irdischen Erkenntnisfähigkeit eine Grenze gesetzt hat. Damit ist und bleibt er der Allmächtige.

Die Prophezeiung des Versuchers, als er die ersten Menschen zur Sünde verführte mit den Worten *„Ihr werdet sein wie Gott"* – sie hat sich nicht erfüllt sondern ist ad absurdum geführt.

‚Sein wie Gott', das heißt dann schnell ‚mehr sein wollen als Gott', sein Handeln als Torheit abzutun oder besser gleich als Hirngespinst. Aber dieser Weg in die Entfremdung von Gott führt nicht in die Souveränität des Menschen, sondern in ein hoffnungsloses Kreisen um das eigene ‚Ich' mit allen Konsequenzen. Wir machen uns zu Gefangenen der Verhältnisse.

Der Mensch, der sich von Gottes Kraft befreien wollte, muss erfahren, dass die eigene Kraft nicht weit über das eigene Ich hinausreicht. Danach herrscht eine große Leere. Wer das nicht wahrhaben will und glaubt, allein durch sein Engagement bleibende positive Veränderungen zu bewirken, der gerät schnell in einen Strudel von Unrast und Resignation.

Das ist das Großartige an der Botschaft vom Kreuz:
Gott hat durch Jesu Tod und Auferstehung die Trennung von sich aus durchbrochen und bietet mir wieder den Anschluss an seine Kraft. Gottes Geist weckt in mir neue Energien, die bisher brach lagen oder noch gar nicht wahrgenommen wurden.

Er befreit mich von meinem Kreisen um das eigene Ich und schenkt mir eine ganz neue Offenheit für diese Welt und unsere Mitmenschen. Selbstbehauptung wird unwichtig. Das schafft Freiraum für andere.

Natürlich sollen wir unsere eigene Kraft voll einsetzen, aber es ist kein Verlass auf sie. Sie kann so plötzlich zu Ende sein. *‚Gottes Kraft dagegen ist auch in unserer Schwachheit mächtig'.* Das ist eine der ganz großen Erfahrungen unseres Glaubens, die auch der Apostel Paulus am eigenen Leibe erlebt und immer wieder bezeugt hat.

Damit wird das Wort vom Kreuz für uns wahrhaftig zur Gotteskraft.

12. Persönliche Begegnungen mit dem Auferstandenen

Auszüge aus den biblischen Osterberichten,
u. a. aus Johannes 20

Ich möchte heute einmal die verschiedenen Begegnungen des Auferstandenen mit seinen Jüngern und Jüngerinnen miteinander vergleichen. Es fasziniert mich immer wieder, wie persönlich Jesus nach seiner Auferstehung mit ihnen umgeht, wie ernst er ihre unbewältigten Probleme nimmt und zu einem guten Abschluss bringt. Manchmal klingt das sogar fast gegensätzlich.

Ich möchte das zunächst an 2 Beispielen aus dem Johannes-Evangelium deutlich machen:

Da ist zuerst Maria Magdalena, der Jesus begegnete, als sie am Ostermorgen weinend am leeren Grab stand. In ihrer großen Traurigkeit erkannte sie ihn zunächst nicht. Erst als er sie mit ihrem Namen anredete *„Maria"*, fuhr sie zusammen und rief *„Rabbuni", d. h. „mein Meister"*.

Da spricht Jesus zu ihr:
*„**Rühre mich nicht an;** denn ich bin noch nicht aufgefahren zum Vater.*
Geh aber hin zu meinen Brüdern und sage ihnen: Ich fahre auf zu meinem Vater und zu eurem Vater, zu meinem Gott und zu eurem Gott."
Maria von Magdala geht und verkündet den Jüngern:
„Ich habe den Herrn gesehen, und das hat er zu mir gesagt." (Joh 20, 17 - 18)

Einige Verse später lesen wir, wie Jesus dem zweifelnden Jünger Thomas begegnet.

Thomas aber, einer der zwölf, war nicht bei ihnen, als Jesus zu seinen Jüngern kam. Da sagten sie zu ihm: „Wir haben den Herrn gesehen."
Er aber sprach zu ihnen: „Wenn ich nicht in seinen Händen die Nägelmale sehe und meinen Finger in seine Nägelmale lege und meine Hand in seine Seite lege, kann ich's nicht glauben."

*Und nach acht Tagen waren die Jünger abermals drinnen versammelt, und Thomas war bei ihnen. Kommt Jesus, als die Türen verschlossen waren, und tritt mitten unter sie und spricht: „Friede sei mit euch!" Danach spricht er zu Thomas: „**Reiche deine Finger her und sieh meine Hände, und reiche deine Hand her und lege sie in meine Seite,** und sei nicht ungläubig sondern gläubig."*

Thomas antwortete und sprach zu ihm: „Mein Herr und mein Gott!" Spricht Jesus zu ihm: „Weil du mich gesehen hast, Thomas, darum glaubst du. Selig sind, die nicht sehen und doch glauben!" (Joh 20, 24 – 29)

Warum darf Maria Magdalena den Auferstandenen nicht berühren, während Thomas geradezu dazu aufgefordert wird? Die zeitlichen Bedingungen sind doch dieselben: Jesus ist noch nicht zurückgekehrt zum Vater. Am Unterschied zwischen Mann und Frau liegt es sicher auch nicht, sondern ich glaube, dass die Gründe tiefer gehen: Jesus nimmt beide als selbständige Persönlichkeiten mit ihren Stärken und Schwächen ernst, und das bedeutet, dass jede(r) eine eigene Art der Zuwendung benötigt.

Zu Jesu Zeiten war es jedoch keineswegs üblich, dass man versuchte, die Gefühle der anderen zu verstehen. Das galt außerhalb der engsten Familie als ungehörig. Jesus eckte schon vor seinem Tode bewusst damit an, während wir heute von einer guten Menschenführung Einfühlungsvermögen selbstverständlich erwarten.

Ich habe einmal an einem Lehrgang für Mitarbeiterführung teilgenommen, in dem uns besonders der Satz eingeprägt wurde: „Es gibt nichts Ungerechteres als die Gleichbehandlung Ungleicher."
Der Sozialismus ist an dem Prinzip der Gleichmacherei gescheitert.

Auch Vorgesetzte können leicht in Konflikte geraten, wenn sie allen Mitarbeitern gegenüber gerecht sein wollen und dabei auf persönliche Rücksichtnahme verzichten. Damit werden sie niemandem wirklich gerecht, denn jeder Mensch hat seine ganz eigene Lebensgeschichte mit unterschiedlichen Fähigkeiten, Problemen und Bedürfnissen.

Jesus wusste das und ging auf beeindruckende Weise darauf ein.

Bleiben wir zunächst bei **Maria Magdalena**.

Ihr Verhältnis zu Jesus hat immer wieder die Fantasie beflügelt und wurde zu einem beliebten und faszinierenden Stoff für Romane und Filme. Man sieht in ihr z. B. die Ehebrecherin, die Jesus vor der Steinigung bewahrt hat, oder die große Sünderin, die nach der Fassung des Lukas-Evangeliums Jesus aus Dankbarkeit mit kostbarem Nardenöl salbte.

Tatsächlich wird sie in den Evangelien nur sehr knapp erwähnt. Sie gehört zu den Frauen, die Jesus ständig begleiteten und ihm und seinen Jüngern dienten. Sie hat die Kreuzigung miterlebt und will nun dem toten Jesus die letzte Ehre erweisen.

Darüber hinaus erfahren wir bei Lukas und Markus ganz kurz, dass Jesus sie von sieben bösen Geistern befreit hat. Soweit die nüchternen Fakten.

Es gehört allerdings nicht viel Fantasie dazu, sich vorzustellen, dass ein Mensch, der von einer so schweren Besessenheit geheilt wurde, eine besondere Bindung zu Jesus besaß. Psychotherapeuten und Seelsorger wissen um solche Bindungen. Wer einem seelisch kranken Menschen beistehen will, muss zu ihm zunächst ein Vertrauensverhältnis aufbauen, und es ist nicht immer einfach, nach der Behandlung wieder das rechte Maß zwischen Nähe und Distanz zu erreichen.

Ein solcher Restkonflikt findet wohl auch hier erst seine endgültige Lösung. Maria wird jetzt von Jesus behutsam auf ein Leben ohne seine persönliche Gegenwart vorbereitet.

„Rühre mich nicht an“, das heißt doch: ‚Klammere dich nicht an das Sichtbare so wie du es bisher gewohnt warst. Erst wenn ich zum Vater zurückgekehrt bin, bin ich bei dir alle Tage bis an der Welt Ende, in diesem Leben allerdings nicht mehr sichtbar und greifbar. Es genügt, dass du weißt, dass ich lebe und dich und deinen Namen kenne.’

Ihre Liebe zu Jesus wird auf eine neue Grundlage gestellt und zugleich mit einem vertrauensvollen Auftrag verbunden: Sie ist die erste, die die frohe Botschaft weitertragen soll, dass Jesus lebt. –

Ein ganz anderer Typ als Maria ist **der Jünger Thomas** – sicher längst nicht so sensibel. Was an ihm imponiert, ist seine Direktheit und dass er offen ausspricht, was er nicht versteht – und das übrigens nicht erst seit Ostern. Damit fiel er schon immer im Jüngerkreis auf. Er wird u. a. in den Abschiedsreden Jesu erwähnt. (Joh 14). Jesus erklärt dort seinen Jüngern: „In meines Vaters Hause sind viele Wohnungen. Ich gehe hin, euch die Stätte zu bereiten und komme wieder, um euch zu mir zu holen, damit ihr seid, wo ich bin. Und wo ich hingehe, den Weg wisst ihr.“

Darauf reagiert Thomas: „Herr, wir wissen nicht, wo du hingehst – wie können wir den Weg wissen?“ Jesus antwortete ihm mit einem der großartigsten Worte, die wir kennen: „Ich bin der Weg, die Wahrheit und das Leben. Niemand kommt zum Vater denn durch mich.“

Verstanden hat das Thomas damals allerdings nicht. Das war für ihn viel zu abstrakt. Was damals noch offen geblieben ist, führt Jesus jetzt nach seiner Auferstehung zur Vollendung – und zwar absolut unmissverständlich. Er geht auf Thomas so ein, wie er es begreifen kann.

Dass Jesus ihn beim Wort nehmen würde, als er sagte: „Wenn ich seine Nägelmale nicht sehe und meine Hand in seine durchbohrte Seite lege, kann ich nicht glauben", damit hatte er sicher nicht gerechnet. Jesus war ja gar nicht dabei, als er das sagte. Aber er kannte seinen Thomas genau und wusste, was er brauchte. Davon wird Thomas jetzt einfach überwältigt, und sein Bekenntnis „Mein Herr und mein Gott!" ist nicht mehr zu überbieten. Daraufhin sagt Jesus zu ihm: „Selig sind, die nicht sehen und doch glauben."

Das ist dasselbe Ziel, das Jesus mit Maria Magdalena auf ganz andere Weise erreicht hat. Es ist wichtig, dass seine Jüngerinnen und Jünger das begreifen, – nicht nur für sich selbst, sondern für ihren ganzen zukünftigen Verkündigungsdienst, denn sie werden es fast ausschließlich mit Menschen zu tun haben, denen der Auferstandene nicht persönlich begegnet ist.

Auch mit den anderen Zeugen der Auferstehung, die uns aus der Bibel bekannt sind, ist Jesus seinen eigenen Weg gegangen.

Da ist **Petrus**, mit dem Jesus noch etwas zu bereinigen hatte, was vor seinem Tod nicht mehr möglich war. Jesus nimmt ihm die furchtbare Last von der Seele, dass er seinen Herrn dreimal verleugnet hat, und schenkt ihm Vergebung. Dreimal fragt er ihn: „Hast du mich lieb?", einmal davon sogar „Hast du mich lieber als die anderen?" Da fällt Petrus' Antwort sehr bescheiden aus. Auch er hat seine Lektion gelernt und darf nun weiter als Apostel wirken. –

Im Lukas-Evangelium wird schließlich auch noch von den **Emmaus-Jüngern** berichtet – stellvertretend für alle, die enttäuscht und verunsichert sind, weil sie an Jesus zu seinen Lebzeiten ganz andere Erwartungen gestellt hatten. Ausgerechnet zu ihnen kommt Jesus und begleitet sie – zunächst unerkannt – auf ihrem Weg. Sie werden nicht nur von seiner Auslegung der Heiligen Schrift überzeugt, sondern sie sind die ersten, die die persönliche Gegenwart Jesu in der Feier des gemeinsamen Abendmahls erfahren. Sie erkannten ihn, als er ihnen das Brot brach. –

Und noch ein letzter Zeuge des auferstandenen Christus ist **Paulus**, den Jesus auf dem Weg nach Damaskus mit seiner ganzen Vollmacht von einem falschen Weg zurückriss. Paulus bezeichnet sich selbst als den Unwürdigsten unter den Aposteln, weil er die ersten Christengemeinden grausam verfolgte. Aber er kann nun von sich sagen: „Durch Gottes Gnade bin ich, was ich bin, und seine Gnade ist an mir nicht vergeblich gewesen." Seinem engagierten Zeugnis hat die Christenheit besonders viel zu verdanken. –

Ich glaube, in jeder dieser Personen, denen Jesus nach seiner Auferstehung begegnete, finden wir ein Stück von uns selbst wieder.

Auch unser Glaube ist oft verdunkelt

– wie bei der im Diesseits verhafteten Maria mit ihrer Traurigkeit,
– wie bei dem schwerfälligen, zweifelnden Thomas,
– wie bei Petrus, der aus Schwäche und Selbstüberschätzung schuldig wurde
– wie bei den enttäuschten, verunsicherten Emmaus-Jüngern ,
– und wie bei Paulus, der aus falscher Überzeugung Schuld auf sich lud.

Jesus bringt ihr Leben in Ordnung und schenkt ihnen neue Perspektiven, und das bietet er auch uns an. Auch für uns gilt: Gott geht nicht pauschal mit uns um, sondern so wie es für jeden von uns richtig und angemessen ist, und darauf dürfen wir vertrauen. Er selbst stärkt unseren Glauben an ihn und nimmt die Hindernisse ernst, die diesem Glauben im Weg stehen. Die Wege, auf denen das geschieht, sind für uns genauso unterschiedlich wie bei den Jüngern.

Ostern – das ist keine Massenbewegung, sondern persönliche Begegnung mit Jesus, der den Tod überwunden hat.

13. Die Beauftragung des Johannes

Unser Predigttext schlägt eine Brücke zwischen Weihnachten, Ostern und der Wiederkunft Jesu

Offenbarung l, 9 – 19 (Einheitsübersetzung)

Ich, euer Bruder Johannes, der wie ihr bedrängt ist, der mit euch an der Königsherrschaft teilhat und mit euch in Jesus standhaft ausharrt,
– ich war auf der Insel Patmos um des Wortes Gottes willen und des Zeugnisses für Jesus.

Am Tag des Herrn wurde ich vom Geist ergriffen und hörte hinter mit eine Stimme, laut wie eine Posaune. Sie sprach: Schreib das, was du siehst, in ein Buch und schicke es an die sieben Gemeinden: nach Ephesus, nach Smyrna, nach Pergamon, nach Thyatira., nach Sardes, nach Philadelphia und nach Laodizea.

Da wandte ich mich um, weil ich sehen wollte, wer zu mir sprach.
Als ich mich umwandte, sah ich sieben goldene Leuchter und mitten unter den Leuchtern einen, der wie ein Menschensohn aussah:

Er war bekleidet mit einem Gewand, das bis auf die Füße reichte, und um die Brust trug er einen Gürtel aus Gold.

Sein Haupt und seine Haare waren weiß wie weiße Wolle, leuchtend weiß wie Schnee; und seine Augen wie Feuerflammen; seine Beine glänzten wie Golderz, das im Schmelzofen glüht, und seine Stimme wie das Rauschen von Wassermassen.

In seiner Rechten hielt er sieben Sterne, und aus seinem Mund kam ein scharfes, zweischneidiges Schwert, und sein Gesicht leuchtete wie die machtvoll strahlende Sonne.

Als ich ihn sah, fiel ich wie tot zu seinen Füßen nieder.

Er aber legte seine rechte Hand auf mich und sagte: „Fürchte dich nicht! Ich bin der Erste und der Letzte und der Lebendige.
Ich war tot, doch nun lebe ich in alle Ewigkeit und habe die Schlüssel des Todes und der Hölle.

Schreib auf, was du gesehen hast: was ist und was danach geschehen wird.“

Es macht mir immer wieder Freude, einen biblischen Text, den ich zunächst schwierig finde, einfach anzunehmen und offen zu sein für das, was er uns heute sagen will, und gerade der Offenbarung des Johannes stehen ja heute viele Theologen ausgesprochen zurückhaltend und skeptisch gegenüber.

Erste Erfahrung bei meiner eigenen Vorbereitung:

Ich brauche einfach ein paar Stunden, um diesen Text in Ruhe erarbeiten zu können. Das sollte eigentlich kein Problem sein! Aber ich merke sehr schnell, wie kompliziert es im Alltag ist, sich in der gewohnten Umgebung ungestört zurückzuziehen. Selten habe ich die vielen Unterbrechungen, die sonst ganz normal sind, so lästig empfunden – und plötzlich verstehe ich, dass es Gottes gutem und weisen Plan entsprach, dass Johannes zunächst auf die Insel Patmos verbannt wurde, um zu einem der großen Propheten der Christenheit zu werden.

Patmos – heute ein beliebtes Touristenzentrum und berühmt durch seine großen Klosteranlagen – war damals eine kleine trostlose Felseninsel im Ägäischen Meer zwischen Kleinasien und Griechenland und einer der berüchtigten Verbannungsorte des römischen Imperiums.

Johannes deutet an, dass ihn sein Zeugnis für Christus dorthin gebracht hat, und wir glauben, auch die näheren Umstände zu kennen, denn die Entstehung der Offenbarung fällt in die Regierungszeit des römischen Kaisers Domitian, der von 81 – 96 n. Chr. herrschte. Domitian forderte mit besonderer Strenge, als „Herr und Gott“ angeredet zu werden, und in der römischen Provinz „Asien“ wurde dieser Kaiserkult mit überdurchschnittlichem Eifer betrieben.

Dass dies aufrechte Christen in schwere Konflikte bringen musste, ist selbstverständlich. Und von daher ist es auch zu verstehen, dass sich die Offenbarung zunächst gezielt an sieben Gemeinden in Kleinasien wendet, die von Verfolgung bedroht waren. Man glaubt, dass Johannes dort selbst gewirkt hat und eine Persönlichkeit von hoher Autorität gewesen ist. Ob er mit dem Jünger und dem Evangelisten Johannes identisch ist, bleibt offen und wird heute infrage gestellt.

Auf jeden Fall bedeutet seine Verbannung zunächst eine radikale Trennung von allen bisherigen Bindungen, ein Herausgerissenwerden aus seinen Aufgaben und Pflichten. Wir können nur ahnen, was hinter ihm liegt, bis das Verbannungsurteil rechtskräftig wurde. Dass „Patmos“ der Anfang eines neuen Auftrags von außerordentlicher Bedeutung werden könnte, hat er sich sicher nicht vorgestellt.

Kennen wir in unserem Leben nicht auch solche „Patmos-Erfahrungen“?

Wie gut, wenn auch wir erleben durften, dass sie uns zum Segen wurden.

Helmuth James von Moltke, einer der Märtyrer des 3. Reiches, wurde etwa 6 Monate vor dem 20. Juli 1944 verhaftet. In einem seiner letzten Briefe aus dem Gefängnis Tegel im Januar 1945 schreibt er an seine Frau: „Welche Mühe hat sich Gott mit mir gemacht, dass er mich gerade in dem Augenblick herausnahm, als ich im Begriff war, aktiv in die Putschvorbereitungen hineingezogen zu werden. So bin und bleibe ich frei von Gewalt." Da Moltke aus Gewissensgründen immer einem Attentat ablehnend gegenüber stand, half ihm dieses „Herausgenommenwerden", sich selbst treu zu bleiben.

Uns liegen vielleicht Erfahrungen aus Krankheitszeiten näher, durch die wir zu einer Zwangspause verurteilt wurden und vielleicht zum ersten Mal Zeit zum Nachdenken bekamen.

Auch Arbeitslosigkeit, eine der Bedrohungen unserer Zeit, kann als soziale „Verbannung" empfunden werden. Es ist hart, wenn man den Verlust der Arbeitsstelle mit dem Begriff „Freistellung" verbrämt, und doch hat er seine Berechtigung, wenn wir uns neuen Aufgaben stellen, an die wir vorher vielleicht nie gedacht hätten, und vielleicht sind wir eines Tages sogar dankbar dafür.

Und wer schon im sog. ‚Ruhestand' ist, weiß, dass auch hier der Herr oft korrigierend eingreifen muss und neue Weichen stellt. Auch Johannes gehörte schon zur älteren Generation.

Für ihn ereignet sich der große Durchbruch am „Tag des Herrn", wie die ersten Christen den Sonntag bezeichnen, den sie nach Jesu Auferstehung anstelle des Sabbats feiern. Wahrscheinlich bekommt man in der Verbannung auch für einen solchen Tag ein ganz neues Empfinden

– eine zeitliche Orientierungshilfe in der Eintönigkeit der Tage,
– vor allem aber eine innere Verbindung mit den Christen in aller Welt in einer nicht-christlichen Umgebung.

Johannes schreibt ganz schlicht: „Ich wurde vom Geist ergriffen" und seine Vision, die er uns jetzt in Wort und Bild detailgetreu beschreibt, übersteigt alle Grenzen der Fantasie.

Interessant ist zunächst die Reihenfolge seiner Beschreibung: „Ich hörte hinter mir eine Stimme, laut wie eine Posaune ..., da wandte ich mich um ... und sah – sieben goldene Leuchter ...".

Wieso erfasst er nicht als erstes die zentrale Lichtgestalt und dann irgendwie am Rande auch noch die Leuchter?

Ich glaube, dass das kein Zufall ist. In unserem Text lernen wir, dass die sieben Leuchter die sieben christlichen Gemeinden der Provinz „Asien“ symbolisieren und in ihnen stellvertretend die gesamte christliche Kirche. Die Zahl „sieben“ steht über 200-mal in der Bibel als ein Symbol der Ganzheit.

Wie erkennen denn Menschen Christus in dieser Welt?

Der Blick fällt doch zuerst auf seine Gemeinde.

Sind wir uns bewusst, dass die Kraft des Glaubens an uns Christen gemessen wird?

– Wie gehen wir mit einander um?
– Wie stark ist unsere Verkündigung?
– Wird der Blick durch uns auf Christus gelenkt,
der – wie in diesem Bild – mitten unter uns ist?

Eigenartig fremd und fern mutet für mich jene überwältigende überirdische Gestalt an, die uns Johannes hier beschreibt. Ich kann nicht sagen, dass sie dem Bild entspricht, das ich von meinem erhöhten Herrn in mir trage. Aber wir werden immer auf Symbole angewiesen bleiben, wo wir mit jener ewigen Welt in Berührung kommen, da unsere irdischen Sinne einfach nicht ausreichen, um sie zu erfassen.

Entscheidend ist: Dem Seher Johannes begegnet der Herr mit allen Zeichen der Allmacht, der Hoheit und dem Schwert des Weltenrichters so wie es für den Auftrag, den er ihm gibt, angemessen ist – und so, dass Johannes trotz aller Distanz erkennen kann: „Es ist der Herr“, der „Menschensohn“, wie Jesus sich selbst oft bezeichnet hat.

Und da ist jenes überirdische Licht, das die Gestalt des Herrn weiß wie Schnee erscheinen lässt, die Augen wie Feuerflammen und sein Gesicht leuchtend wie die machtvolle Sonne.

Doch es ist nicht das Licht, das wärmt und heilt. Dieses leuchtende Gesicht ist anders als in unserer Segensbitte „Der Herr lasse sein Angesicht leuchten über uns und sei uns gnädig“.

Dieses Licht durchleuchtet uns, und es durchleuchtet auch die dunklen Ecken unserer Kirchen und Gemeinden wie wir es später in den sieben Sendschreiben erfahren.

Ich habe jahrelang in einer Krankenpflegeschule gearbeitet, und in einem Weihnachtsspiel, das wir für unsere Patienten aufgeführt haben, berichtet eine Hirtenfrau besonders eindrucksvoll von jener Nacht, als die Engel die Geburt des

Herrn verkündigten. Sie sagt im Rückblick: „Unsere Augen waren geblendet von dem Licht. Die Nacht war zerbrochen. So weit man sehen konnte nur Licht, ein einziges großes Licht der ganze Himmel! Bethlehem lag vor uns wie am hellen Tag. – Ein schreckliches Licht!
Es ging durch uns hindurch. Ja, wir waren nackt vor diesem Licht. Kein Gedanke blieb vor ihm verborgen, kein einziger Gedanke. Wir fielen auf die Erde und vergruben das Gesicht. Niemals hatten wir solche Angst ..." –

Auch Johannes bricht zusammen wie tot,

– und dann – dort wie hier – dieses wunderbare „Fürchtet euch nicht!" Johannes schreibt: *„Er aber legte seine rechte Hand auf mich und sagte: „Fürchte dich nicht!"*.

Das ist für mich der absolute Höhepunkt unseres Textes.

Wer einem gefallenen Menschen die Hand auflegt, der bleibt nicht in hoheitsvoller Distanz stehen. Gott tritt aus seinem überirdischen Glanz heraus und beugt sich herab zu uns Menschen.
In diesem Satz ist an einer Stelle, wo wir es gar nicht vermuten – im großen Zusammenhang fast in einem Nebensatz – die zentrale Verkündigung von Weihnachten gegenwärtig: Gott verlässt seine Hoheit, um uns ganz nahe zu sein.

Johannes erfährt eine Geste unendlicher Liebe und Fürsorge. Da ist kein Platz mehr im Munde für ein zweischneidiges Schwert – stattdessen ungeteilte Zuwendung. Dieses „Fürchte dich nicht", das Jesus selbst zu Johannes spricht, ist noch viel persönlicher als die weihnachtliche Botschaft der Engel. Die Liebe überwindet seinen todesähnlichen Zustand und macht ihn zum Überbringer einer Botschaft, die weit über das Weihnachtsgeschehen hinausgeht und großartiger nicht sein kann: *Jesus spricht: „Ich bin der Erste und der Letzte und der Lebendige. Ich war tot, doch nun lebe ich in alle Ewigkeit und habe die Schlüssel des Todes und der Hölle."* –

Diese Worte muss man einfach auf sich wirken lassen. Mir geht es dabei wie dem Jünger Thomas, als ihm Jesus nach seiner Auferstehung persönlich begegnete. Ich kann nur dankbar bekennen: „Mein Herr und mein Gott!"

In Jesus ist uns Gott ganz nahe gekommen und bleibt trotzdem der allmächtige und heilige Gott. Diese Spannung zwischen der Nähe und der Distanz Gottes, die hier deutlich wird, durchzieht unseren ganzen christlichen Glauben. Gott lässt sich in unsere menschliche Vorstellungswelt nicht einpassen, und das ist gut so.

Das Besondere an der Offenbarung des Johannes ist gegenüber allen Endzeit-Offenbarungen, die es auch im Alten Testament schon gab, dass die Auferstehung Jesu bereits Realität ist. Der endgültige Sieg Gottes, der für die vorchristlichen ‚Apokalyptiker' noch reine Zukunft war, hat mit der Auferstehung Jesu bereits begonnen. Jesus hat den Tod überwunden. Damit hat das Reich Gottes unter uns schon seinen Anfang genommen. Unser Text schlägt eine Brücke zwischen Weihnachten, Ostern und der Wiederkunft Jesu.

Schauen wir noch ein letztes Mal auf den Seher Johannes:
Er antwortet Gott mit schlichtem Gehorsam und erfüllt seinen Auftrag mit großem Ernst. Als er die Sendschreiben an die Gemeinden in Asien weiterleitet, liegt die Verbannung bereits hinter ihm, denn er schreibt: „Ich war auf Patmos".

Bescheiden tritt er zurück in die Gemeinschaft der Christen. Jede Sonderstellung liegt ihm fern. Als einer der ihren schreibt er in den ersten Versen unseres Textes: „Ich – euer Bruder Johannes, der bedrängt ist wie ihr, der mit euch an der Königsherrschaft teilhat und mit euch standhaft ausharrt ..."

Ich möchte Sie dazu ermutigen, das letzte Buch der Bibel wieder einmal ganz neu zu lesen – nicht als ein „Buch mit sieben Siegeln" – ebenso wenig wie es seine Absicht ist, das Endzeitgeschehen in seinem Ablauf genau vorauszusagen,

sondern als das, was es für die bedrohten Christen der damaligen Zeit war:

> ein Buch des Trostes, der Ermahnung und der Zuversicht,
> getragen von dem unerschütterlichen Glauben,
> dass Jesus endgültig siegt und mit ihm alle,
> die auf ihn ihre Hoffnung setzen.

14. „Wir rühmen uns, dass wir dich loben dürfen“

Predigt zum Sonntag Jubilate über das Lob Gottes

„Gott loben, das ist unser Amt“ heißt es in dem bekannten Kirchenlied „Nun jauchzt dem Herren alle Welt“. Aber klingt das nicht etwas zu zwanghaft? Ist uns nicht oft so gar nicht nach Lob und Dank zumute?

Vor einigen Jahren hatte mich ein Pastor unserer Kirche zum Predigen in seine Gemeinde nach Essen eingeladen. Er selbst wollte an einer Tagung in Dresden teilnehmen. Weil es der Sonntag Jubilate war, hatte ich einen fröhlichen Gottesdienst zum Thema „Gott loben“ vorbereitet.

Doch 2 Tage vorher rief er mich an und teilte mir mit, dass seine Eltern auf der Autobahn in einer Baustelle tödlich verunglückt sind. Er war deshalb zu Hause, bat mich aber, den Gottesdienst trotzdem zu übernehmen. Natürlich wollte ich daraufhin mein Gottesdienstprogramm sofort umstellen. Aber er bat mich, nichts zu ändern; denn ‚**das Lob Gottes ist unabhängig von äußeren Lebensumständen**’. Das sollte auch die Gemeinde erfahren. Mich hat das sehr berührt, und so möchte ich auch Ihnen heute diese gute Botschaft überbringen.

In der Bibel zieht sich das Lob Gottes wie ein roter Faden durch das ganze Alte und Neue Testament. Ich habe bei meiner Predigtvorbereitung über 300 Stellen entdeckt, besonders ausführlich in den Psalmen. Am Ende bin ich an einem ganz schlichten Vers hängengeblieben, der im selben Wortlaut gleich zweimal in der Bibel vorkommt:

im 1. Buch der Chronik 16, 35 und in Psalm 106, 47 (Einheitsübersetzung)

> ***„Wir wollen deinen heiligen Namen preisen,***
> ***uns rühmen, dass wir dich loben dürfen.“***

In diesem einen Vers konzentriert sich in meinen Augen alles, was wir zum Lob Gottes sagen können. Aber ich möchte in meiner Predigt auch Psalm 8 heranziehen.

Gott loben zu dürfen, das ist eine Auszeichnung für uns Menschen.

Aber ich begegne immer wieder einer großen Scheu, als oberflächlich zu gelten, wenn wir Gott loben während uns täglich hautnah alle Probleme dieser Welt durchs Fernsehen in unsere Wohnzimmer gebracht werden. Kommen uns unsere Loblieder nicht manchmal fast zynisch vor im Angesicht des Leidens dieser Welt?

Die Theologin Dorothee Sölle ging sogar so weit, dass sie schrieb: „Wie man nach Auschwitz noch singen kann ‚Lobe den Herren, den mächtigen König der Ehren', das ist mir unbegreiflich."

Dabei übersieht sie, dass gerade der Liederdichter Joachim Neander, dem wir das Lied „Lobe den Herren" zu verdanken haben, durchaus nicht in einer lieblichen Idylle lebte, sondern in der harten Zeit unmittelbar nach dem 30-jährigen Krieg unter sehr schweren Lebensumständen. Er wurde selbst auch nur 30 Jahre alt und musste gegen viele Missverständnisse ankämpfen. Aber sein Wahlspruch blieb bis zu seinem frühen Tod: „Ich will mich lieber zu Tode hoffen als durch Unglauben zugrunde gehen."

Wählen heute nicht viele Menschen bewusst den umgekehrten Weg, weil ihnen das ehrlicher erscheint? Lieber Unglaube statt Hoffnung?

Hoffnungslosigkeit aber kann kein Loblied hervorbringen. -

Was haben wir dem entgegen zu setzen?

Es gilt wohl zunächst zu klären: Lob Gottes bedeutet keineswegs Weltfremdheit und schon gar nicht ständiger Jubel, ob uns danach zumute ist oder nicht.

Jauchzen, Jubilieren und Frohlocken sind nur eine Form – und zwar eine äußere Form des Lobpreises, die nicht auf Kommando befohlen werden kann.

Dafür sind unsere persönlichen Ausdrucksmöglichkeiten auch zu unterschiedlich, vielfach geprägt durch unser Temperament und unsere Erziehung.

Wir wissen, wie lebendig z. B. afrikanische Gottesdienste gefeiert werden. Da wird oft stundenlang getrommelt und getanzt – alles Gott zu Ehren. Wir können das bewundern, aber schlecht imitieren, weil es bei uns unecht wirken würde.

Unsere Gemeinden tun sich gewöhnlich schwer, zu einer gemeinsamen Form des Lobpreises zu finden, die allen gerecht wird. Aber – und das ist wohl das Entscheidende – soll das Lob Gottes denn überhaupt **uns** gerecht werden? Im Lobpreis sind **nicht wir** sondern ist **Gott** der Mittelpunkt.

Es ist die kurze Zeit, in der wir einmal unsere eigenen Bedürfnisse außen vor lassen, um uns ganz Gott zu öffnen, und zwar so natürlich und unverkrampft wie wir es im Umgang mit unseren liebsten Menschen gewohnt sind. Unser Lobpreis darf ruhig vielseitig sein. Wenn wir ein weites Herz mitbringen, werden wir erleben, wie Gott mitten unter uns ist, auch wenn die Form einmal nicht unserem persönlichen Geschmack entspricht.

Echter Lobpreis in Gemeinschaft soll ansteckend sein und Ausstrahlung haben. Aber das Lob Gottes ist grundsätzlich nicht darauf beschränkt. Manchmal kann auch das Lob in der Stille der richtige Weg für uns sein. (Psalm 65, 2)

In unserem deutschen Sprachgebrauch kennen wir das Wort „loben" nicht nur im biblischen Sinne von verehren, preisen und rühmen, sondern auch im Sinne von anerkennen und belobigen.

Wir tun manchmal so, als sei Gott auf unser Lob angewiesen. Gott loben heißt aber mit Sicherheit nicht, ihm Anerkennung zu zollen oder gar Komplimente zu machen, und schon gar nicht mit dem Hintergedanken, dadurch etwas Besonderes bei ihm zu erreichen.

Ein gesundes Verhältnis zu Lob und Anerkennung in unserem täglichen Umgang miteinander kann für uns persönlich allerdings durchaus hilfreich sein.

Mein Mann brachte vor Jahren einmal eine Karte mit nach Hause, auf der stand:
„Haben Sie Ihr Kind heute schon gelobt?"

Wir haben uns daran gehalten – und ich möchte allen Eltern raten, sich diese Frage regelmäßig zu stellen. Es ist eine wunderbare Erfahrung, wie ein Kind aufstrahlen kann, wenn es Lob und Anerkennung erfährt – ja, es kann dadurch geradezu zu Höchstleistungen angespornt werden. Das ist kein pädagogischer Schachzug, sondern Lob setzt Kräfte frei – auch noch bei uns Erwachsenen. Einem Kind, das noch unmittelbar stolz ist, gelobt zu werden, wird es viel leichter fallen, selbst Lob und Dank zum Ausdruck zu bringen.
Wohl den Kindern, für die das etwas Natürliches und Schönes ist!

Von ihnen gilt, was in Psalm 8 gesagt wird:
„Aus dem Munde der Kinder schaffst du dir Lob, deinen Gegnern zum Trotz. Deine Feinde und Widersacher müssen verstummen."

Zu den Feinden und Widersachern gehört in meinen Augen alles, was dem Lob Gottes entgegen steht:

unsere ganze Skepsis und Befangenheit,
unsere Resignation und unsere vielen
negativen Lebenserfahrungen,
die uns daran hindern, Gott zu loben.

Doch Lob Gottes ist unabhängig von äußeren Lebensumständen! Die Bibel legt von Anfang bis zu Ende dafür Zeugnis ab.

Kein Lobgesang ist aus einem unbeschwerten, sorgenfreien Leben hervorgegangen, sondern **die Fähigkeit zum Lob Gottes ist ein Geschenk des Glaubens.**

Gerade bei unseren Psalmsängern stehen oft in ein und demselben Psalm verzweifelte Klage und jubelnder Lobgesang unmittelbar nebeneinander.

Oder ein Beispiel aus der Apostelgeschichte (Kap. 16, 23 ff):

Von Paulus und Silas wird berichtet:

Nachdem man sie hart geschlagen hatte, warf man sie ins innerste Gefängnis und legte ihre Füße in den Block, und der Aufseher erhielt den Befehl, sie besonders streng zu bewachen. Aber um Mitternacht beteten Paulus und Silas und sangen Loblieder, und die Gefangenen hörten ihnen zu.

Solche Zeugnisse lassen sich beliebig fortsetzen. Mich hat erst vor kurzem ein kleines Buch von Joachim Dachsel, einem Lehrer der Theologie, sehr beeindruckt, der schon von Jugend an durch Kinderlähmung an den Rollstuhl gefesselt war. Er schreibt im Alter über seine langen Lebenserfahrungen als Schwerbehinderter und zwar unter dem bezeichnenden Titel

„Freude im Gegenwind".

‚Freude im Gegenwind' – das trifft auch auf eine besonders liebenswerte Frau aus unserer Gemeinde zu, die mit einer leichten geistigen Behinderung und verschiedenen gesundheitlichen Problemen in sehr bescheidenen Verhältnissen lebt. Aber sie besitzt so viel Einfühlungsvermögen und strahlt so viel Fröhlichkeit und Liebe aus, dass wir viel von ihr lernen können. Es hat uns sehr beeindruckt, als sie an einem Sonntag ein Loblied in den Gottesdienst mitbrachte, dass sie schon vor dem Aufstehen gedichtet hatte, und sie hatte es für uns aufgeschrieben, obwohl sie um ihre rechte Hand einen dicken Verband tragen musste und das sehr mühselig für sie war. Sie hat mir einmal erzählt, wenn jemand zu ihr sagt, sie sei arm dran, dann erwidert sie ganz energisch: „Aber wieso denn? Ich bin reich, weil ich Jesus im Herzen trage."

In der Programmzeitschrift des Evangeliums-Rundfunks wurde auf eine Fernsehreihe hingewiesen, in der Menschen zu Wort kommen, die gelernt haben, mit schweren Schicksalsschlägen, Behinderungen und Krankheiten so umzugehen, dass sie gerade dadurch für andere Menschen zum Segen wurden.

Ich wünsche uns allen solche Glaubenserfahrungen im Gegenwind.

Jörg Zink sagt: „Der Glaube ist am Werk, wo es einem Menschen geschenkt wird, sich trotz allem dem Gott, der sich in Jesus Christus spiegelt, anzuvertrauen."

Glaube, der zum Lob Gottes führt, ist aber nur möglich durch das Wirken des Heiligen Geistes – und das nicht erst seit Pfingsten. Wo Gott gelobt wird, hat Gottes Geist die Voraussetzungen dafür geschaffen.

Das ist die große Sonderstellung des Menschen in der Schöpfung, dass er Gott loben kann und darf: „Wir rühmen uns, weil wir dich loben dürfen."

So verstehe ich auch die Verse aus Psalm 8:

„Was ist der Mensch, dass du seiner gedenkst? –
Mit Ehre und Hoheit hast du ihn gekrönt
und hast ihn nur wenig geringer gemacht als Gott."

Hier werden nicht unsere ganzen Unvollkommenheiten, unsere Schuld und unsere irdischen Begrenzungen unter den Tisch gekehrt, sondern der Psalmist erkennt mit Staunen und Erfurcht, dass Gott sich den Menschen zu einem lebendigen Gegenüber erwählt hat. Die ganze Schöpfung ist Zeuge für Gottes Güte – aber darauf zu antworten, dazu ist nur der Mensch befähigt, – nicht weil Gott ihn braucht, sondern weil er uns liebt.

Wir werden nicht zum Lob verpflichtet, aber durch die Tatsache von Gottes Liebe so reich beschenkt, dass Lob, Preis und Dank sich fast von selbst einstellen müssten.

Dank und Lob aber strahlen auf uns selbst zurück und machen uns frei und froh. Kein Loblied ist in „moll" gesetzt!

Friedrich von Bodelschwingh legte seinen Patienten in Bethel nahe:

„Jeden Tag ein Klagelied weniger und dafür ein Loblied mehr!"

Gilt das nicht auch für uns?
Gott kennt unseren Alltag. Er weiß, ob in unserem Leben zurzeit Sorgen und Belastungen, Trauer oder Freude überwiegen. Alles können wir vor ihn bringen und ihm danken, dass wir ihn loben dürfen, denn damit schenkt er uns die Möglichkeit„ über unseren eigenen Horizont hinauszuschauen und etwas von seiner Güte und Größe zu erahnen.

15. „Herr, was willst du, dass ich tun soll?“

Predigt zum Sonntag Rogate

In meiner Predigt möchte ich heute das Anliegen des Sonntag „Rogate“, wie der Sonntag vor Christi Himmelfahrt von Alters her genannt wird, aufgreifen. „Betet!“ wird „Rogate“ normalerweise übersetzt. Aber noch passender finde ich: „Bittet! Fragt! Stellt Gott eure Fragen!“

– und voller Fragen sind wir wohl alle – angefangen bei den weltweiten Katastrophen und Problemen, denen wir oft so ratlos gegenüber stehen, bis zu unseren ganz persönlichen Anliegen.

Meine Predigt soll Mut machen, Antwort bei Jesus zu suchen, wenn wir nicht weiter wissen oder das Gefühl haben, irgendwie im Leben festgefahren zu sein , und wenn das zurzeit auf Sie nicht zutrifft, dann hilft es Ihnen vielleicht, dankbar zurückzuschauen.

In den Mittelpunkt meiner Predigt möchte ich eine Frage stellen, die der Apostel Paulus einst Jesus vor Damaskus stellte:

„Herr, was willst du, dass ich tun soll?“

Wir kennen Paulus als den wichtigsten Botschafter des christlichen Glaubens, der auf seinen unermüdlichen Reisen das Christentum in unser Abendland gebracht hat, und dem wir ganz entscheidende Erkenntnisse unseres Glaubens zu verdanken haben. Aber das war nicht immer so.

Paulus war zunächst – damals noch unter dem Namen „Saulus“ –einer der gefürchtetesten Christenverfolger bis ihn Jesus Christus selbst von seinem falschen Weg zurückrief.

Bis heute hat sich die Redensart erhalten „es wird jemand vom Saulus zum Paulus“, wenn sich in seinem Leben eine völlige Kehrtwendung vollzieht.

In der Bibel lesen wir die Bekehrungsgeschichte des Paulus im Buch der Apostelgeschichte gleich in mehreren Variationen. Ich greife einen dieser Berichte heraus und lasse Paulus selbst zu Wort kommen.

Es ist ein Auszug aus seiner Verteidigungsrede, als er in Jerusalem wegen seines Glaubens vor Gericht stand.

Apostelgeschichte 22, 3b/4 und 6 – 11:

*„Ich war ein Eiferer für Gott und habe die neue Lehre verfolgt bis auf den Tod.
Ich band Männer und Frauen und warf sie ins Gefängnis.
Es geschah aber, als ich nach Damaskus zog, da umleuchtete mich plötzlich um die Mittagszeit ein großes Licht vom Himmel.
Ich fiel zu Boden und hörte eine Stimme, die sprach zu mir:
„Saul, Saul, was verfolgst du mich?"
Ich antwortete aber: „Herr, wer bist du?"
Und er sprach zu mir: „Ich bin Jesus von Nazareth, den du verfolgst."*

Die aber mit mir waren, sahen zwar das Licht, aber die Stimme dessen, der mit mir redete, hörten sie nicht.

Ich fragte aber:

„Herr, was willst du, dass ich tun soll?"

*Und der Herr sprach zu mir:
„Stehe auf und gehe nach Damaskus. Dort wird man dir alles sagen, was dir zu tun aufgetragen ist."*

Als ich aber, geblendet von der Klarheit dieses Lichtes, nicht sehen konnte, wurde ich an der Hand geleitet von denen, die bei mir waren, und kam nach Damaskus."

Als ich noch voll im Berufsleben stand, machte ich mit meiner Familie gern Urlaub auf einer kleinen englischen Inselgruppe im Atlantik, den Scilly-Inseln, die hier kaum jemandem bekannt sind.

Wir waren nicht zum ersten Mal dort, und ich kenne keinen besseren Ort, um Ruhe und Entspannung zu genießen.
Aber diesmal vergingen die Tage, und die erhoffte Entspannung wollte sich einfach nicht einstellen. Immer wieder verfolgte mich der berufliche Frust der vergangenen Monate, und der Gedanke an die Rückkehr in den Alltag wurde mit jedem Tag bedrückender. Dabei habe ich meinen Beruf als Pflegedienstleiterin eigentlich immer geliebt und jahrelang das Gefühl gehabt, auf dem Platz zu stehen, an den mich Gott gestellt hat. Doch Sie kennen wahrscheinlich auch die Erfahrungen oder sie stehen Ihnen noch bevor: Je ernster wir unseren Beruf nehmen, desto anfälliger sind wir für

Schwierigkeiten, und gerade wenn wir unseren Beruf mit Liebe ausfüllen wollen, wird uns das keineswegs nur positiv ausgelegt, und man kann schnell ‚zwischen alle Fronten geraten'. So ging es mir damals, und ich habe mich gefragt, ob ich noch am richtigen Platz bin, denn was Jahrelang richtig war, muss es nicht auf Dauer sein. „Es hat alles seine Zeit", lesen wir im Buch des Prediger Salomo, das zu den Weisheitsbüchern des Alten Testaments gehört. Seine melancholischen Weisheiten, dass alles Mühen nur ein Haschen nach Wind ist, sprachen mich in letzter Zeit besonders an. Aber die Patentrezepte, die wir bei Salomo lesen, das Leben bei gutem Essen und Trinken einfach zu genießen – die liegen wohl den wenigsten von uns – zumindest nicht auf Dauer.

Da steht uns denn doch der Eiferer Paulus näher, der Jesus fragt: „Herr, was willst du, dass ich tun soll?"

Und genau dieses Wort hat mir wieder neuen Auftrieb gegeben. Ja, ich habe es geradezu buchstabiert, und je nachdem wie man es betont, gewinnt man ihm immer wieder neue Seiten ab. Ich möchte Ihnen das im Laufe meiner Predigt zeigen.

Da ist zuerst das Wort „Herr." – ***Herr***, was willst du, dass ich tun soll?

Paulus, der eben noch auf dem Weg war, die Christen in Damaskus grausam zu verfolgen, erkennt plötzlich, dass Jesus sein Herr ist, der radikal in sein bisheriges Leben eingreift, und diese Erfahrung ist einfach überwältigend.

Die erste Antwort, die Paulus auf seine Frage bekommt, ist allerdings nicht gleich ein neues Lebenskonzept, sondern Jesus sagt ihm: „Warte ab, lass dich an die Hand nehmen und führen! In Damaskus wird man dir sagen, was dir zu tun aufgetragen ist."

Der Eiferer Paulus muss sich also zunächst in Geduld üben. Er muss noch eine Weile im Dunkeln tappen – und das nicht nur im bildlichen sondern sogar im wörtlichen Sinne; denn durch das grelle Licht war er vorübergehend blind geworden. Aber er darf bereits in der Spannung leben, dass Jesus ihm eine passende Aufgabe zugedacht hat. –

Wie gern wüssten wir manchmal auch, ob noch einmal etwas ganz Neues unser Leben wieder reich und spannend macht oder welche Aufgabe überhaupt erst die richtige für uns ist.

Und so stellt sich für uns die Frage: „Herr, was willst du, dass ***ich*** tun soll?"

Manchmal fühlen wir uns so fest gefahren, aber wenn Jesus unser Herr ist, haben wir keinen Grund zur Resignation.

Von Paulus heißt es: Es fiel wie Schuppen von seinen Augen, und er erkannte, dass Jesus ihm auf einem falschen Weg im richtigen Augenblick Einhalt geboten hat. Jetzt war er bereit, sich ganz dem Willen Jesu zu unterstellen, und wir wissen, dass seine neue Aufgabe als Apostel der Heiden mitunter sehr schwer war. Er musste nicht nur einmal, sondern an jeder Wegbiegung neu fragen:

„***Was willst du,*** Herr, dass ich tun soll?" – Seine Briefe geben sehr ausführlich Auskunft darüber.

Soll er in einer Gemeinde länger bleiben oder weiterziehen? Welches ist die nächste Station seiner Missionsreise? –

Wahrscheinlich geht es auch in Ihrem und in meinem Leben gar nicht jedes Mal um eine völlige Kurskorrektur oder Kehrtwendung, sondern einfach um neue Perspektiven auf dem bisherigen Lebensweg.

Wir möchten die Gaben und die Begabungen, die uns Gott geschenkt hat, wirklich sinnvoll einbringen können – und das ist an kein Lebensalter gebunden.

Wenn junge Leute ihre Berufsausbildung abgeschlossen haben und keine Stelle finden, die ihrer Qualifikation entspricht, sind sie zutiefst enttäuscht. Aber manchmal ist man auch hin- und hergerissen, weil man sich zwischen zu vielen unterschiedlichen Möglichkeiten nicht entscheiden kann.

Aber auch, wer aus Altersgründen nicht mehr im Berufsleben steht, wünscht sich, dass seine Erfahrungen noch in irgendeiner Form hilfreich sind. Und dazwischen liegen die verschiedensten Lebensabschnitte und Lebensumstände, die immer wieder neue Weichenstellungen nötig machen.

Heute ist Muttertag – ein Tag, an dem man uns Müttern alle möglichen Ehrungen zukommen lässt. Gerade an einem solchen Tag müssen wir eingestehen, dass es nicht unser Verdienst ist, wenn unsere Kinder gut geraten sind. Jeder, der etwas von Erziehung versteht, weiß, dass man immer erst hinterher weiß, ob man sich richtig verhalten hat. Oft entspricht das Ergebnis keinesfalls unseren Bemühungen. Oder was bei einem Kind richtig ist, bewirkt bei einem anderen genau das Gegenteil.

Sollen wir deshalb resignieren?

Nein – egal, in welcher Lebensphase wir stehen – immer wieder müssen und dürfen wir fragen:

„Herr, ***was*** willst du, dass ***ich tun*** soll – was ist jetzt das Richtige und Angemessene für mich?“

Es ist wichtig, von Zeit zu Zeit stehen zu bleiben und Gott zu fragen, ob wir noch auf dem richtigen Weg sind. Sollen wir unseren bisherigen Aufgaben treu bleiben und ihnen evtl. nur einige neue Akzente geben, oder sollen wir uns auf etwas ganz Neues einlassen, oder müssen wir uns – wie Paulus – zunächst in Geduld üben?

„Herr, was willst ***du,*** dass ich tun soll?“ –

Mein persönliches Problem ist wahrscheinlich, dass ich viel zu oft gefragt habe:

Was wollen die anderen, das ich tun soll? Welche Erwartungen stellen sie an mich, und wie kann ich die am besten erfüllen?

Vielleicht gehören Sie ja auch zu dieser Gruppe von Menschen. Unsere Motive sind durchaus christlich geprägt, denn wir möchten gern für andere da sein, so wie es uns Jesus selbst vorgelebt hat. Aber wenn wir an einen Punkt kommen, an dem wir glauben, es jedem recht machen zu müssen, dann sind wir auf einem Irrweg. Wir erleben, dass wir nicht nur ausgenutzt werden, sondern dass man unsere Bemühungen auch noch als Schwäche auslegt.

Damit haben wir uns die Möglichkeit, Gutes zu bewirken, aus der Hand nehmen lassen.

Deshalb ist jetzt die Gegenfrage angebracht:

Was würde ich tun, wenn ich völlig frei entscheiden könnte?

Ich glaube, die wenigsten von uns würden sofort ihrem Egoismus freien Lauf lassen. Wir wünschten uns wahrscheinlich in den meisten Fällen einfach eine befriedigende Aufgabe, die uns weder über- noch unterfordert. Vielleicht hätten wir sogar einige ungewöhnliche Lösungsvorschläge, aber leider wissen wir, dass wir mit unseren Möglichkeiten, frei zu entscheiden, schnell an unsere Grenzen stoßen und dass wir nie völlig unabhängig sind.

Aber es gibt eine **innere Freiheit**, die uns Jesus schenken kann.

Deshalb ist die einzig richtige Frage: ***Herr, was willst du***, dass ich tun soll?

In einem alten Kirchenlied heißt es:

> „Du weißt den Weg für mich, du weißt die Zeit.
> Dein Plan ist fertig schon und liegt bereit.“

Darauf können wir vertrauen.

Seien wir doch einfach ein bisschen neugierig auf das, was Gott in nächster Zeit mit uns vorhat!

Ich hatte damals im Urlaub plötzlich die feste Zuversicht, dass er genau weiß, wie es bei mir zu Hause weitergehen wird während ich mir noch etwas ratlos den Seewind um die Ohren blasen ließ.

Was für mich nach meiner Rückkehr folgte, waren ausgesprochen arbeitsreiche und anstrengende Monate. Aber ich bekam gleich die passende Losung aus unserem Losungsbuch dazu geschenkt.

Sie hieß für den ersten Arbeitstag: „Wohl an, mach dich ans Werk, und der Herr wird mit dir sein!“

Das war ein gutes Motto, und im Nachhinein möchte ich diese schwierigen Monate nicht missen, weil sie mir einige wichtige neue Erfahrungen brachten, durch die ich an meiner Arbeit wieder mehr Freude gewonnen habe. Und ich habe gelernt: Ein bisschen Neugier und gespannte Erwartung auf das, was Gott mit uns vorhat, können ungemein auflockernd sein und Verkrampfungen lösen, durch die wir uns selbst blockiert haben., und das macht schließlich auch den Umgang mit schwierigen Mitmenschen leichter.

Jesus weiß längst, was auch für Sie das Beste ist. Er schreibt uns nicht jeden Schritt vor, aber er schenkt uns eine neue Einstellung zu unserem Alltag mit all seinen Schatten- und Sonnenseiten.

Ich bin dankbar, dass ich immer fragen kann: „Herr, was willst du, dass ich tun soll?“

Jeder von uns darf ihm jederzeit seine ganz persönlichen Fragen stellen.

Das bedeutet aber auch, offen zu sein für seine Antwort.

Anmerkung:
Der Leitsatz meiner Predigt: „Herr, was willst du, dass ich tun soll?“ entstammt in dieser Form einer älteren Lutherübersetzung. So kommt er auch wörtlich in Mendelssohns Oratorium „Paulus“ vor.

16. „Ein neuer Klang durch Gottes Geist ...“

Predigt zum Pfingstfest

In unserem Predigttext nimmt Paulus Stellung zu den sog. ‚Geistesgaben’:

1. Korinther 12, 1, 3b – 11 (rev. Lutherübersetzung 1984)

Über die Gaben des Geistes möchte ich euch nicht in Unkenntnis lassen.
Niemand kann Jesus den Herrn nennen außer durch den Heiligen Geist.
Es sind verschiedene Gaben, aber es ist ein Geist .
Und es sind verschiedene Ämter, aber es ist ein Herr .
Und es sind verschiedene Kräfte, aber es ist ein Gott,
der da wirkt alles in allen.

In einem jeden offenbart sich der Geist zum Nutzen aller:
dem einen wird durch den Geist gegeben, von der Weisheit zu reden
dem anderen wird gegeben, von der Erkenntnis zu reden nach demselben Geist,
einem anderen Glauben in demselben Geist,
einem anderen die Gabe, gesund zu machen in dem einen Geist,
einem anderen die Kraft, Wunder zu tun,
einem anderen prophetische Rede,
einem anderen die Gabe, die Geister zu unterscheiden,
einem anderen mancherlei Zungenrede,
einem anderen die Gabe, sie auszulegen.

Dies alles aber wirkt derselbe eine Geist und teilt einem jeden das Seine zu wie er will.

Vor kurzem fiel mir in einer Zeitung eine dicke, rote Schlagzeile ins Auge:

„Wissenschaftler erforschen den Heiligen Geist, - einem Phänomen auf der Spur."

Meine erste betroffene Reaktion:
Wird hier der Heilige Geist zum ‚Forschungsprojekt'?
Glauben denn die Menschen heute wirklich allen Ernstes, Gottes Geist in den Griff zu bekommen und zu enträtseln wie irgendein anderes Phänomen? –

Nun, beim Lesen des ganzen Artikels zeigte sich, dass nur die Überschrift so reißerisch aufgemacht war. Ansonsten handelte es sich um einen Bericht von einer ökumenischen Studientagung in Remagen, bei der auf sehr hohem Niveau über das Wirken des Heiligen Geistes diskutiert wurde.
Dabei stellten die Teilnehmer eindeutig fest: Eine der wesentlichen Grundstrukturen dieses Geistes ist seine Unverfügbarkeit.

Dies entspricht den vielfältigen Erfahrungen, die die Menschen des Alten und des Neuen Testamentes mit dem Geist Gottes gemacht haben.

So sagt es auch Jesus in seinem nächtlichen Gespräch mit Nikodemus, das uns im Johannes-Evangelium berichtet wird:

> *„Der Wind weht, wo er will, und du hörst sein Brausen wohl,*
> *aber du weißt nicht, woher er kommt und wohin er fährt.*
> *So ist es bei jedem, der aus dem Geist geboren ist."* (Joh 3, 8)

– und so heißt es schließlich auch in dem letzten Vers unseres Textes:

> *„Der Geist Gottes teilt jedem das Seine zu wie er will."*

Wir erwarten vom Heiligen Geist oft eine ganz bestimmte Wirkung; aber er ist unberechenbar, und wer Gott begegnen will, muss sich auf das Unberechenbare einlassen.

Nun kann das Wort ‚unberechenbar' leicht zu Missverständnissen führen; denn ein unberechenbarer Mensch ist unzuverlässig, ja, vielleicht sogar gefährlich. Wenn Gottes Geist unberechenbar genannt wird, dann bedeutet das etwas ganz anderes, nämlich, dass er größer ist als unser Verstand und unsere irdische Vorstellungskraft. Er sprengt unsere Maßstäbe und unsere hochentwickelte Fähigkeit, auch schwierige Dinge zu berechnen.

Wir können seine Anwesenheit nicht erzwingen, aber erbitten.

Im Gebet um den Heiligen Geist stellen wir uns Gott ganz zur Verfügung.

Sind wir uns bewusst, worauf wir uns damit einlassen?

Wenn wir offen sind für Gottes Geist, so wissen wir nicht, wo er uns hinführt. Wir vertrauen allerdings im Glauben darauf, dass es ein guter und richtiger und ein für uns angemessener Weg ist. Ein sog. ‚Restrisiko' gibt es bei Gott nicht.

Auch wenn es auf den ersten Blick anders aussehen mag:
Wir lassen uns damit auf einen Weg ein, der uns nicht einengt in unserer Freiheit, sondern ganz neue Dimensionen eröffnet, denn

„In jedem Menschen gibt es eine Saite, die nur Gott zum Schwingen bringen kann."

Diesen Satz entdeckte ich vor kurzem in der Rede eines Jesuitenpaters, und er hat mich so angesprochen, dass ich ihn in meiner weiteren Predigt in Verbindung mit den ‚Geistesgaben' gern noch etwas vertiefen möchte.

Ich denke, es ist klar, dass es sich in diesem Bild um die Saite eines Musikinstruments handelt, vielleicht einer Geige oder einer Gitarre.

Ich habe selbst einmal Gitarre gespielt, und deshalb kann ich mir gut vorstellen, dass es möglich ist – auch wenn eine Saite fehlt – noch immer passable Akkorde und Melodien zustandezubringen. Allerdings werde ich nie den vollen Klang erreichen. Solange wir diesen vollen Klang nicht kennen, vermissen wir vielleicht gar nichts Wesentliches. Von dem großen Geiger Paganini wird sogar erzählt, dass er auf einer einzigen Saite seines Instruments ein wahres Feuerwerk von Tönen erzeugen konnte. So begegnen wir auch in unserem Alltag immer wieder Menschen, die nichts vom christlichen Glauben halten, aber ein vorbildliches Leben führen, voller Freundlichkeit und Hilfsbereitschaft. Sie spielen das Instrument ihres Lebens eben auf einer Saite weniger.

Es ist allerdings eine spannende Frage:
Wie würde ihr Leben aussehen, wenn diese Saite nicht ausgespart bliebe? Vielleicht müssten sie sich an den neuen Klang erst gewöhnen und ihre ganze Spieltechnik umstellen, aber das Ergebnis wäre sicher beeindruckend.

Ich finde, es lohnt sich auch für uns, einmal darüber nachzudenken, ob wir Gottes Geist in unserem Leben Raum gegeben haben, um diese Saite zum Schwingen zu bringen.

Wenn wir mit Überzeugung sagen können, dass Jesus unser Herr ist, dann brauchen wir daran nicht zu zweifeln, denn das wäre ohne den Heiligen Geist nicht möglich.

Interessant ist für uns auf jeden Fall die Frage:
Was würde in unserem Leben fehlen, wenn wir diesen Glauben nicht hätten? Welche Gaben und Fähigkeiten wären nie zur Entfaltung gekommen? Welche Kräfte würden brach liegen?

Und alle diejenigen unter uns, für die das Wirken des Heiligen Geistes in ihrem Leben bisher kein Thema war, möchte ich gern neugierig machen auf das, was sich bei ihnen verändern würde, wenn alle Saiten zum Klingen kämen.

‚Geistesgaben' – das sind zunächst einmal unsere natürlichen Anlagen und Begabungen, die durch den Heiligen Geist voll zum Einsatz gebracht werden – und zwar als eine echte Bereicherung für alle, für jede Gemeinschaft, in der wir leben. Es können aber auch Gaben sein, die uns in einer besonderen Situation geschenkt werden, oder Gaben, die für die Erfüllung von speziellen Aufgaben wichtig und wertvoll sind.

Paulus sagt, es sind Gaben, in denen sich der Geist Gottes offenbart,
oder anders ausgedrückt:
Es sind Gaben, durch die wir als Christen erkennbar werden.

Es müssen nicht ein Lebenslang dieselben Fähigkeiten sein. Auf der Saite, die Gott zum Schwingen bringt, sind viele Melodien möglich, die sich im Laufe eines Lebens aneinander reihen können. Aber nie wieder wird diese Saite ganz zum Stillstand kommen. Vielleicht ist sie in Krisenzeiten sogar die einzige Saite, die hält und nicht reißt. Jesus selbst hat den Seinen versprochen, dass der Heilige Geist bei ihnen bleiben wird in alle Ewigkeit.

‚Geistesgaben' sind nicht beschränkt auf die Gaben, die Paulus in unserem Text aufzählt. Ja, die wichtigste Gabe wird hier sogar noch gar nicht angesprochen. Die folgt erst im nächsten Kapitel dieses Briefes. Dort schreibt Paulus: *„Von allen Gnadengaben ist die Liebe die größte."* Und dann folgt im 1. Korintherbrief im Kapitel 13 sein ‚Hohes Lied der Liebe', das wohl zu den berühmtesten Bibelstellen überhaupt gehört.

Mit Sicherheit zählt zu den Geistesgaben auch das Gebet. „Du bist ein Geist, der lehret, wie man recht beten soll", heißt es in einem unserer schönsten Pfingstlieder, und es ist eine große Bereicherung unseres Lebens, wenn das Gebet ganz natürlich dazugehört.

Dem Wirken des Heiligen Geistes sind keine Grenzen gesetzt, und Gnadengaben können zu verschiedenen Zeiten ganz unterschiedlich aussehen.

Für die Gemeinde in Korinth spielten aber gerade die Gaben, um die es in unserem Text geht, eine besonders wichtige Rolle. Sie hatten zum Teil einen so hohen Stellenwert, dass man sich gegenseitig darum beneidete oder einander das Christsein absprach. Das war für Paulus ein wichtiger Grund zum Eingreifen.

Zu den umstrittenen Gaben gehörte u. a. das ‚Zungenreden', dessen Bedeutung Paulus wieder auf das rechte Maß zurechtrückt.

Er nennt hier aber auch einige ganz ungewöhnliche Fähigkeiten, die weit über das Normalmaß hinausgehen – Gaben, die wir uns wohl auch alle wünschten, und doch bleiben sie Ausnahmen.

Da sind z. B. die Gaben der Weisheit und der Erkenntnis und die Fähigkeit, die Geister zu unterscheiden.

Wie oft habe ich schon vor schwierigen Gesprächen in meinem Beruf ein Stoßgebet zum Himmel geschickt um Weisheit und Unterscheidungsfähigkeit, die über meine begrenzten persönlichen Fähigkeiten hinausgehen. Aber ich kann sie nicht herbeizwingen. Wie oft stehe ich zwischen zwei gegensätzlichen Gruppen und möchte gern vermitteln, denn aufgrund von persönlichen Einzelgesprächen habe ich Verständnis für beide. Aber wir kommen im gemeinsamen Gespräch keinen Schritt weiter. Ja, es kann passieren, dass sich am Ende beide Parteien von mir nicht ernst genommen fühlen. Ich habe auf meinem Schreibtisch eine Karte liegen, die mir hilft, über so manche Enttäuschung hinwegzukommen. Auf ihr steht ein Gebet des christlichen Philosophen F. C. Oetinger, der im 18. Jahrhundert lebte.(1702 - 1782):

„Gott, gib mir die Gelassenheit, Dinge hinzunehmen, die ich nicht ändern kann, den Mut, Dinge zu ändern, die ich ändern kann, und die Weisheit, das eine vom anderen zu unterscheiden."

Die Fähigkeit, die Geister zu unterscheiden, erlebe ich heute vielleicht an ganz anderer Stelle, z. B. wenn ich versuche, die Einzigartigkeit Jesu als Grundlage meines Glaubens zu verteidigen, oder wenn ich mit Bekannten diskutiere, die von Esoterik fasziniert sind. –

Oder was verstehen wir heute unter ‚prophetischer Gabe'?

Das muss nicht die Fähigkeit sein, weissagen zu können oder in die Zukunft zu sehen sondern der Heilige Geist schenkt uns ein ganz neues Verhältnis zu unserer Zeit und eine ganz neue Einstellung zu unserer Vergangenheit, zu unserer Gegenwart und unserer Zukunft. Prophetische Gabe, das ist aber auch die Kraft, mit der Gott zu allen

Zeiten einzelne Menschen befähigt hat, das rechte Wort zur rechten Zeit klar und unerschrocken überzubringen.

Paulus spricht ferner von der Gabe, gesund zu machen und von der Kraft, Wunder zu tun, – und wie hilflos stehen wir oft an einem Krankenbett!

Wir müssen wohl lernen, dass Wunder und Heilungen nur geschenkt werden, wenn sie der Verherrlichung Gottes dienen. Das war auch für Jesus immer der Maßstab. Aber können Sie sich heute ein solches Wunder vorstellen, dass nicht voll der Sensationspresse zum Opfer fallen würde?

Wahrscheinlich wird Gott mehr verherrlicht, wenn ein Mensch bereit ist, sein Leiden in aller Stille anzunehmen, und vielleicht ist es viel wertvoller, wenn uns die Kraft geschenkt wird, einen Sterbenden bis zuletzt nicht alleinzulassen.

Wichtig ist, dass wir in jeder Lebenssituation für das Wirken des Geistes offen sind und dabei auch auf die kleinen Zeichen achten.

Und denken wir daran: Der Heilige Geist würde von Jesus nicht der ‚Tröster' genannt, wenn wir keinen Trost mehr nötig hätten. –

Noch ein Aspekt ist dem Apostel Paulus wichtig:

Wir müssen akzeptieren, dass nicht jeder zu allem befähigt ist, sondern dass wir unterschiedliche Gaben haben und aufeinander angewiesen sind. Das gilt besonders in einer christlichen Gemeinde.

Die Korinther hatten damals offensichtlich ihre Probleme damit, weil sie die Geistesgaben falsch bewerteten. Paulus leistet hier engagiert Aufklärungsarbeit, die wir heute noch genauso nötig haben.

Weder falsche Bescheidenheit noch Selbstüberschätzung sind hier am Platze. Wer glaubt, für jede Aufgabe zur Verfügung stehen zu müssen, der kann bei allem guten Willen leicht zu einem lebenden Vorwurf und am Ende zu einer Belastung für die Gemeinschaft werden. Spätestens wenn er total ausgebrannt ist, stellen alle fest, dass er seine Gaben nicht richtig eingeschätzt hat. Unsere gegenseitige Fürsorgepflicht sollte früher beginnen.

Konflikte sind auch leicht vorprogrammiert, wenn in einer Gruppe zwei oder mehrere Menschen bei sich dieselben Gaben entdecken. Statt sich darüber zu freuen, versuchen sie dann oft, sich gegenseitig zu überbieten; statt Dankbarkeit für die geschenkten Gaben gewinnt persönliche Eitelkeit die Oberhand.

„Doch so soll es unter euch nicht sein ...“, würde Jesus dazu sagen.

Auch Aktionismus gehört mit Sicherheit nicht zu den Geistesgaben, denn wer zuviel gleichzeitig tut, bleibt oft im Oberflächlichen stecken oder verbreitet eine Hektik, die niemandem gut tut. Es ist ein Irrtum, wenn wir meinen, ‚Geistesgaben' müssten immer auf Hochtouren laufen.

Es gibt in jedem Leben Zeiten, da sind wir einfach auf die Gaben der anderen angewiesen und dürfen uns von ihnen beschenken lassen. Der Heilige Geist kann uns mitunter ganz deutlich unsere Grenzen zeigen, die wir ggf. sogar vor anderen verteidigen müssen.

„In Jesus allein wohnt wirklich die ganze Fülle Gottes leibhaftig, und wir dürfen durch ihn daran Anteil haben," schreibt Paulus in einem seiner Briefe (Kol 2 ,9).

‚Anteil' zu haben am Wirken Gottes in unserer Welt – um nicht mehr aber auch nicht weniger geht es bei den Gaben, die uns der Heilige Geist schenkt. .

Haben wir Ehrfurcht vor dem verschiedenartigen Wirken des Geistes in uns Menschen und seien wir bereit, von einander zu lernen.

17. Die Dreieinigkeit Gottes

Predigt zum Sonntag Trinitatis

Was liegt näher als am Sonntag Trinitatis einmal ganz gezielt über die Dreieinigkeit Gottes zu predigen! Ich habe immer wieder festgestellt, wie schwer sich viele Christen mit der Lehre von der Dreieinigkeit tun, und das war für mich eine Herausforderung, mich einmal intensiv mit diesem Thema zu beschäftigen.

Als Predigtext habe ich einige Verse aus dem Römerbrief ausgewählt, die von Alters her dem Dreieinigkeitssonntag zugeordnet werden:

Römer 11, 33 – 36 (rev. Lutherübersetzung 1984)

O welch eine Tiefe des Reichtums, beides,
der Weisheit und der Erkenntnis Gottes!
Wie unbegreiflich sind seine Gerichte
und unerforschlich seine Wege.

Denn wer hat des Herrn Sinn erkannt,
oder wer ist sein Ratgeber gewesen?
Oder wer hat ihm etwas zuvor gegeben,
dass Gott es ihm vergelten müsste?

Denn von ihm und durch ihn und zu ihm
sind alle Dinge.
Ihm sei Ehre in Ewigkeit! Amen

Mir ist dieser Text besonders vertraut durch Mendelssohns Oratorium ‚Paulus', das ich vor einigen Jahren in einem Konzert mitgesungen habe. Er ist dort einer der ganz großen Chöre, der mich immer wieder beeindruckt, wenn ich mir die CD anhöre.

Aber was hat dieser Text mit der Dreieinigkeit zu tun?
– Nun, zunächst einmal gar nichts. Vater, Sohn und Heiliger Geist werden gar nicht genannt, und auch im Textzusammenhang geht es um ganz andere Fragen. Dieser große Lobpreis steht eigentlich ganz unerwartet am Ende der drei schwierigsten Kapitel im Römerbrief, in denen sich Paulus mit der Berufung und Verwerfung des Volkes Israel auseinandersetzt. Wenn die Juden Jesus als Messias ablehnen, muss dann Gott nicht sein auserwähltes Volk fallenlassen? Ist Israel sogar für immer verloren? Diese Frage wird von Paulus geradezu leidenschaftlich von allen Seiten beleuchtet, bis er sich zu der Erkenntnis durchringt: Gottes Gabe und Berufung

können ihn nicht gereuen. Gott bleibt sich selbst treu.

Seine Weisheit übersteigt alles menschliche Verstehen, und doch können wir im Glauben etwas von seiner Tiefe und seinem Reichtum erahnen, – und genau darum geht es auch in der Lehre von der Dreieinigkeit.

Sie versucht ein Geheimnis zu umschreiben, das sich unserem Zugriff immer wieder entzieht und doch irgendwie großartig ist:

> Es ist das Geheimnis des einen Gottes,
> der als Vater, Sohn und Heiliger Geist handelt,
> der in dieser dreifachen Weise den Menschen begegnet
> und dennoch immer der eine Gott ist.

Je mehr wir uns damit befassen, desto bescheidener werden wir. Es gibt keinen ‚Königsweg' zum Glauben an den dreieinigen Gott.

Als ich einmal länger krank war, las ich mit großem Vergnügen das Buch „Andromedas Briefe“ von Adrian Plass – ein Buch so richtig zum Gesundwerden! Es ist die Fortsetzung des bekannten „Tagebuch eines frommen Chaoten“ – voller Humor und Ernsthaftigkeit zugleich.

Andromeda ist ein aufgewecktes achtjähriges Mädchen, das mit einem dicken Gipsbein im Krankenhaus liegt, gerade als ihre Eltern verreist sind. Damit es ihr nicht zu langweilig wird, schreiben ihr die verschiedenen Mitglieder einer kleinen Gemeinde Briefe – und bald entsteht ein lebhafter Briefwechsel hin und her. Zu ihren Brieffreunden gehört auch der freundliche Pater John. Ihm schreibt sie einmal so ganz beiläufig am Ende eines langen Erzählbriefes als Nachsatz:

„P. S.: Kannst du mir mal kurz auf 'nem Zettel die Dreieinigkeit erklären?“

Das klingt so unbekümmert und vertrauensvoll wie eben nur ein Kind fragen kann. In der Gemeinde geriet mit dieser Frage einiges in Bewegung. Ob Andromeda eine brauchbare Antwort bekam, möchte ich zunächst einmal offen lassen. –

Der Begriff „Dreieinigkeit“ kommt übrigens nicht in der Bibel vor. Aber das besagt gar nichts; denn an vielen Stellen wird von „Vater, Sohn und Heiligem Geist“ gesprochen – am eindrucksvollsten wohl am Ende des Matthäus-Evangeliums im Missions- und Taufbefehl Jesu: „Gehet hin in alle Welt und lehret alle Völker und taufet sie auf den Namen des Vaters, des Sohnes und des Heiligen Geistes.“

Die ersten Christen brauchten zunächst keine Speziallehre. Für sie war Jesus einfach der verheißene Messias, mit dem Gottes Reich in dieser Welt seinen Anfang nahm.

Je weiter sich das Christentum ausbreitete, desto stärker geriet es in die Auseinandersetzungen mit dem philosophischen Denken seiner Zeit. Es sah sich deshalb gezwungen, seine Gottesvorstellung klar zu formulieren so wie es auch von uns heute im Kontakt mit Fremdreligionen erwartet wird.

Nach wie vor bekannten sich die Christen zu ihren jüdischen Wurzeln und damit zu dem Glauben an den einen wahren Gott. Aber sie mussten sich vorwerfen lassen, dass Jesus in dieses Bild nicht passte. Die Heiden dagegen sahen eine Zumutung darin, die ganze sichtbare und unsichtbare Welt auf **einen** Gott zurückzuführen. Ihnen wäre es leichter gefallen, Vater, Sohn und Heiligen Geist als drei oder wenigstens als zwei Götter nebeneinander zu sehen. Dazwischen gab es die verschiedenen Strömungen des Hellenismus mit einer sehr anspruchsvollen, aber zugleich sehr unpersönlichen Weltanschauung.

Die Trinitätslehre versuchte nun zu klären:
Wie ist das Bekenntnis zu Jesus Christus mit dem Glauben an den einen Gott vereinbar? Daran hängt viel mehr als man zunächst denkt:
– War Jesus nur ein Mensch – wenn auch noch so edel – dann konnte er die Menschen nicht von ihrer Schuld und der Macht des Todes befreien. Er war dann zwar ein großes Vorbild, aber kein Retter. Das Evangelium aber sagt: In Jesus ist Gott selber für den Menschen da, um ihn zu erlösen.
Ist Jesus aber ein göttliches Wesen – existieren dann nicht doch zwei Götter oder ist Gott aufgespalten?
Die christliche Kirche durfte weder die Gewissheit der wirklichen Erlösung noch das Bekenntnis zu **einem** Gott aufgeben.

Aus dieser Spannung heraus ist die Dreieinigkeitslehre langsam gewachsen, und es fehlte dabei nicht an harten Auseinandersetzungen. Im 4. Jahrhundert griff Kaiser Konstantin selbst in diese Diskussion ein. Er erwartete vom Christentum als zukünftiger Staatsreligion eine moralische Erneuerung seines Reiches. Deshalb hatte er wenig Verständnis für diese theoretischen Auseinandersetzungen. In seinen eigenen Räumen fand das Konzil zu Nicäa statt, in dem eine Vorstufe unseres Nizänischen Glaubensbekenntnisses entstand, das später noch durch ein zweites Konzil in Konstantinopel ergänzt wurde. Seitdem bekennen wir uns zur **Wesensgleichheit** des Vaters und des Sohnes und des Heiligen Geistes. Jedes Wort hat in diesem Bekenntnis Gewicht, aber man muss es wohl mehrmals lesen, um seinen Inhalt in seiner ganzen Tragweite voll zu erfassen.
Der Kirchenvater Augustinus erkannte einige Jahre später die Notwendigkeit, dieses

sehr konzentrierte Glaubensbekenntnis ausführlich auszulegen, und so verfasste er eine 15-bändige Trinitätslehre. Dieses große Werk schließt mit einem ganz bescheidenen Gebet: „Herr, lass nicht gelten, was falsch ist, aber lass mich trotzdem dein bleiben."

Unser Kirchenvater John Wesley hat die Lehre von der Dreieinigkeit voll bejaht, aber nicht weiter vertieft, denn sein eigenes Wirken hatte andere Schwerpunkte, die aber nicht im Widerspruch stehen.

Der Weltkirchenrat betont, dass der Glaube an die Dreieinigkeit Gottes das große Bindeglied zwischen allen christlichen Kirchen und Gemeinschaften ist, so unterschiedlich sie auch sonst sein mögen. Wenn wir sonntags unseren Gottesdienst im Namen Gottes des Vaters und des Sohnes und des Heiligen Geistes beginnen, so dürfen wir uns damit mit Christen in aller Welt verbunden wissen. Diese Lehre kann uns helfen, das Besondere unseres christlichen Glaubens gegenüber anderen Religionen zu bezeugen.

Vor einigen Jahren verlebten wir einmal bei uns zu Hause ein außerordentlich harmonisches Wochenende mit zwei befreundeten Familien – eine aus dem Iran, die andere aus Japan.

Obwohl wir aus drei verschiedenen Kulturkreisen kamen, entdeckten wir doch viele Gemeinsamkeiten. Unsere japanischen Freunde waren z. B. begeisterte Anhänger deutscher klassischer Musik. Nach kurzer Zeit kamen wir auch auf Fragen der Religion zu sprechen, und wir versuchten in großer Offenheit, unsere Unterschiede herauszuarbeiten. Unsere Gäste betonten zwar, dass sie ein sehr liberales Verhältnis zu ihrer Religion hätten, aber man merkte doch, dass sie von ihrer Herkunft geprägt waren.

Unseren japanischen Freunden machte die Vorstellung Schwierigkeiten, dass sich unser Glaube auf eine Person konzentriert: auf Jesus Christus. Sie empfanden das als eine Einengung, mit der man dem großen Universum nicht gerecht wird. Für sie war die Welt beseelt von vielen Naturgottheiten wie es dem Schintoismus entspricht.

Unseren islamischen Freunden dagegen ging unser Glaube an einen dreieinigen Gott zu weit, denn im Koran steht: „Wahrlich ungläubig sind die, die sagen ‚Allah ist ein dritter von drei'. Ihre Behausung ist das Feuer." Das richtet sich gezielt gegen unsere Dreieinigkeitslehre, und nicht zuletzt aus diesem Grunde werden Moslems, die zum Christentum übertreten, streng bestraft.
Für den Islam ist Jesus ein Prophet unter anderen zwischen Abraham und Mohamed.

Jetzt waren wir gefragt, denn Jesus ist für uns natürlich sehr viel mehr als ein Prophet. In ihm wendet sich Gott uns Menschen ganz persönlich zu.

Um diesen Glauben an einen persönlichen Gott können uns Moslems eigentlich nur beneiden, denn ihr Monotheismus ist formal-gesetzlich, und der Gebetsruf des Muezzins ist mit unserem persönlichen Gebet zu Gott überhaupt nicht zu vergleichen. Selbst das freie Gebet ist streng reglementiert.

Und unseren japanischen Freunden versuchten wir zu erklären, dass unser Gott nicht so begrenzt ist wie sie sich vorstellen. Im Glauben an den dreieinigen Gott wird wirklich jeder Lebensbereich erfasst. Er schließt Vergangenheit, Gegenwart und Zukunft ein – so wie Paulus es sagt: „Von ihm und durch ihn und zu ihm sind alle Dinge.“ –

Wenn wir über die Dreieinigkeit ins Gespräch kommen wollen, werden wir sofort auf zwei Schwierigkeiten angesprochen:

Problem 1: Drei Personen – ein Gott und zugleich ein Gott in drei Personen,
3x1=1. Diese Rechnung kann nicht aufgehen.

Goethe hat das besonders drastisch seinem Mephisto im „Faust“ – also dem Satan selbst – in den Mund gelegt: *„Mein Freund, die Kunst ist alt und neu. Es war die Art zu allen Zeiten, durch Drei und Eins und Eins und Drei Irrtum statt Wahrheit zu verbreiten.“*

Das dürfen wir nicht so stehen lassen, denn das Bekenntnis zu dem dreieinigen Gott ist keine Rechenaufgabe und wollte es nie sein.
Es sind auch nicht drei Wege zu Gott, sondern drei Wege Gottes zu uns. Das halte ich für ganz entscheidend im Unterschied zu anderen Religionen.

Problem 2: Gott in drei Personen. – Klingt der Begriff „Person“ nicht allzu menschlich?

Das ist in unserer normalen Umgangssprache sicher richtig. Aber man muss wissen, dass „Person“ sehr viel mehr bedeuten kann. Dieser Begriff umfasst in der Philosophie alles, was für jemanden im weitesten Sinne charakteristisch ist. Sein ganzes „So-Sein“.

Hier hilft uns die Bibel weiter. In ihr erfahren wir, was wir von Gott wissen können – welche Prädikate ihm zukommen.

„Gott“ – das ist der Allmächtige, der Ewige, der alles Umfassende, durch den alles entstanden ist, und von dem Paulus in unserem Text sagt: „Wie unbegreiflich und unerforschlich sind seine Wege.“

Das Bekenntnis zu dem heiligen Gott ist eindeutig. Hierfür brauchen wir keine Trinitätslehre. Wir können ihn nur in Ehrfurcht anbeten.

Aber unser Gott ist eben nicht nur eine ferne jenseitige Größe, sondern wir glauben als Christen an einen Gott, der uns persönlich liebt – allen negativen Lebenserfahrungen zum Trotz. Gott selbst hat die Distanz zu uns durchbrochen, um uns seine Liebe nahezubringen. Diese unerhörte Tatsache wird durch einen übergeordneten Gottesbegriff nur unzureichend abgedeckt. Es entspricht Gottes ureigener Weisheit, dass er sich uns in dreifacher Weise offenbart – mit durchaus unterschiedlichen Schwerpunkten.

Diese Schwerpunkte möchte ich in diesem Zusammenhang noch einmal deutlich herausstellen:

Gott ist unser Vater, der die Welt nicht nur erschaffen hat, sondern weiterführt und erhält und der sich auch schon im Alten Testament seinem Volk persönlich zugewandt hat. Wir erahnen etwas davon in der Natur und wo wir Freundschaft und Mitmenschlichkeit erleben. In einem alten Kirchenlied heißt es sehr treffend: **„Sein Wesen ist ein Brunnen guter Gaben.“**

Gott – das ist unser Erlöser in unserem Herrn Jesus Christus, der vor 2000 Jahren lebte und dem wir so unendlich viel verdanken. In seinen Worten hören wir Gottes Willen, und seine Taten sind Zeichen aus Gottes Welt.
„Jesus – das ist die dem Menschen zugewandte Seite Gottes.“

Gott – das ist der Heilige Geist, der uns geschenkt wird, – kein menschlicher Geist, den manche Philosophen als „Funken Gottes“ bezeichnet haben. Durch den Heiligen Geist kann dieser Funke allerdings zum Glühen gebracht werden. In ihm wirkt Gottes Liebe durch unsere menschlichen Unvollkommenheiten hindurch – in uns und in unseren Gemeinden. Er ist der große Erneuerer, wo wir festgefahren sind, und der Tröster, wo wir mutlos und verzagt sind.
„Er ist die Kraft, die aus Vergänglichem Ewiges schafft“.

Ich glaube, dass das Bekenntnis zu dem dreieinigen Gott die Zuwendung Gottes zu uns Menschen in einer Vollkommenheit umfasst, die nicht mehr zu überbieten ist, und ich habe bei der Vorbereitung meiner Predigt festgestellt, welch eine Tiefe des

Reichtums, der Weisheit und der Erkenntnis Gottes hinter dem Bekenntnis zu dem dreieinigen Gott steht.

Allerdings „mal eben kurz auf 'nem Zettel“, wie sich das unsere kleine Andromeda vorgestellt hat, lässt sich die Dreieinigkeit sicher nicht erklären.

Hören wir zum Schluss, wie es bei Andromeda weiterging:

In ihrer Gemeinde wurde eifrig über die Dreieinigkeit diskutiert. Ja, ein Gemeindeglied kam auf die Idee, im Gottesdienst einige Experimente aufzubauen, um die Dreieinigkeit verständlicher zu machen. Doch die gingen prompt daneben.

Zuletzt brachte es ein freundlicher alter Nachbar auf den Punkt. Man sieht ihn förmlich vor sich, wie er an seinem Gartenzaun lehnt, sich seine Pfeife anzündet und dann bedächtig sagt:
„Wisst ihr, vier Sachen sind es, die mir an der Dreieinigkeit gefallen:

1. Ich finde es großartig, dass ich in Gott einen Vater habe.
2. Es begeistert mich, dass ich in Jesus einen Freund und Bruder habe
3. Ich bin froh, dass ich im Heiligen Geist einen Tröster und Wegweiser habe und 4.“ – hier machte er eine bedeutungsvolle Pause und fuhr dann fort: „Es gefällt mir, dass es ein Geheimnis ist.

Gott in drei Personen – drei Personen ein Gott.
Es ist ein Geheimnis – und ich liebe dieses Geheimnis.
Warum sollte ich alles verderben, indem ich versuche, es zu ergründen?“ –

Dem kann ich nichts mehr hinzufügen als nur noch den Schluss unseres Predigttextes:

Ihm sei Ehre in Ewigkeit! Amen.

18. „Wer bin ich?“

Mose – ein Mann mit Ecken und Kanten –
wird von Gott zum Führer Israels berufen.

Predigtext:

2. Mose 3, 11/12 (rev. Lutherübersetzung 1984)

Mose sprach zu Gott: Wer bin ich, dass ich zum Pharao gehe
und führe die Israeliten aus Ägypten?
Gott sprach: Ich will mit dir sein.

„Wer bin ich?“

Von Dietrich Bonhoeffer ist uns aus seiner Zeit im Gefängnis Tegel aus dem Jahr 1944 ein Gedicht erhalten, in dem er sich in ergreifender Weise mit der Frage auseinandersetzt: „Wer bin ich?“ – hin- und hergerissen zwischen Tapferkeit, Gelassenheit und tiefster Niedergeschlagenheit. Und wie sehen ihn seine Wärter und seine Mitgefangenen?

Grundsätzlich treibt wohl jeden von uns einmal die Frage nach der eigenen Wirkung auf andere um, wenn auch selten unter so schwierigen Umständen. Die Frage „Wer bin ich?“ gehört einfach zum Menschsein dazu. Das beginnt schon beim Kleinkind in der sog. „Trotzphase“, wenn es anfängt, sein eigenes „Ich“ zu entdecken und seine Grenzen auszuloten.
Bei Jugendlichen sprechen wir von „Identitätsfindung“, wenn sie – besonders im Zusammenhang mit der Berufswahl – nach ihrem Platz im Leben und in unserer Gesellschaft fragen,
und so geht es weiter an vielen Wegbiegungen des Lebens bis zur Rückschau im hohen Alter.

In unserer Gemeinde wurde im vergangenen Jahr ein sog. „Gabenseminar“ durchgeführt, und ich war überrascht, wie groß das Interesse daran war. Es zeigte, dass auch gestandene Menschen, die mit beiden Beinen fest im Leben stehen, von Zeit zu Zeit nach ihren besonderen Fähigkeiten, aber auch nach ihren persönlichen Grenzen fragen, und besonders spannend ist immer die Frage:
„Wie sehe ich mich selbst, und wie sehen mich die anderen?“

Die Frage „Wer bin ich?“ kann man immer wieder anders betonen. Ihre Spannweite reicht von großer Bescheidenheit bis hin zu Arroganz.

Ich denke dabei an einen arroganten Vorgesetzten, der immer, wenn es unangenehm wurde, lautstark zu seinen Mitarbeitern sagte: „Wer bin ich, dass Sie glauben, so mit mir reden zu können? Nicht mit mir!“

Jeder von uns kennt wahrscheinlich Mitmenschen, die gern immer wieder betonen, wer sie sind, was sie erreicht haben und was unter ihrer Würde ist.

„Wer bin ich?“ – Hinter dieser Frage kann allerdings auch große persönliche Unsicherheit stecken. Ich traue mir einfach zu wenig zu oder bin durch negative Erfahrungen verunsichert.

Natürlich kann auch Bescheidenheit ein Motiv sein. Ich erkenne einfach an, dass andere für eine anspruchsvolle Aufgabe bessere Voraussetzungen mitbringen.

Und zuletzt möchte ich noch an die Menschen denken, bei denen Bequemlichkeit und Trägheit im Vordergrund stehen. Sie haben sich in ihrem augenblicklichen Leben so gut eingerichtet, dass sie nicht bereit sind, neue Aufgaben zu übernehmen. –

Diese verschiedenen Motive finden wir auch bei Mose, wenn er Gott antwortet: „Wer bin ich, dass ich zum Pharao gehe und die Israeliten aus Ägypten führe?“ – Und es bleibt nicht bei dieser einen Frage. Mose setzt Gott sogar ziemlich viel Widerstand entgegen. Das zeigt sich im Textzusammenhang. Wir erfahren dort, wer dieser Mose eigentlich ist. Da wird zunächst sein bisheriger Lebenslauf geschildert. Ich setze ihn als bekannt voraus, möchte ihn aber trotzdem in diesem Zusammenhang noch einmal kurz in Erinnerung bringen:

Mose wird geboren als ein israelitisches Kind, das eigentlich gar nicht leben durfte; denn der Pharao hatte angeordnet, dass alle israelitischen Söhne sofort nach der Geburt getötet werden sollten, weil das Volk Israel zu stark wurde. Mose wird deshalb in einem sorgfältig präparierten Korb im Schilf des Nils versteckt, wo ihn ausgerechnet die Tochter des Pharaos findet und adoptiert. Durch eine besondere Fügung bekommt Moses eigene Mutter ihren Sohn zurück, um ihn so lange wie möglich zu stillen. Danach wächst Mose am Hof des Pharaos auf. Er genoss sicher eine sehr gute Bildung, wie es für einen Prinzen am Pharaonenhof üblich war. Dabei ist ihm wahrscheinlich auch bewusst geworden, dass „Reden“ nicht seine starke Seite war. Stattdessen entwickelte er einen ausgesprochenen Sinn für Gerechtigkeit, der so weit führte, dass er einen ägyptischen Aufseher tötete, der einen Israeliten bei der Fronarbeit misshandelte. Die Folge ist, dass Mose fliehen muss.

Er gelangt nach Midien östlich des Roten Meers – und auch hier wird sofort sein Gerechtigkeitssinn gefordert: An einem Brunnen wollen einige Frauen ihre Tiere tränken, als sie von einigen böswilligen Hirten verdrängt werden. Mose greift ein, hilft den Frauen und wird zu ihnen nach Hause eingeladen. Bald darauf heiratet er eine der Töchter des Hauses. Sein Schwiegervater ist ein angesehener Hirte und Priester. Der elegante Prinz wird jetzt selbst zum Hirten, bekommt 2 Söhne und richtet sich völlig in dem neuen Lebensstil ein, bis – ja, bis Gott ihn wieder zurück zu seinem eigenen Volk ruft. Gott offenbart sich Mose in einem brennenden Dornenbusch, der nicht verglüht, und kündet Mose die Befreiung seines Volkes an, und ausgerechnet Mose soll sein Anführer werden. – Soweit die Vorgeschichte.

„Wer bin ich?“ fragt Mose wahrscheinlich zunächst total erschrocken, denn in der Begegnung mit Gott sind wir Menschen immer armselig, schuldig und gering.

Doch Gott antwortet ihm: „Ich will mit dir sein“, und von da an nimmt das Gespräch einen sehr menschlichen Verlauf. in dem Mose Gott alle seine Bedenken vorträgt. Vielleicht regt Sie ja die Predigt dazu an, das einmal ausführlich im 2. Buch Mose („Exodus“) zu Hause nachzulesen.

Es spricht für Mose, dass er diese Führungsaufgabe nicht gleich machtbesessen annimmt, wie wir es von vielen Führern im Laufe der Geschichte kennen. Es ist durchaus vorbildlich, wenn man sich zunächst ernsthaft prüft, ob man einer solchen Aufgabe tatsächlich gewachsen ist, und die Bescheidenheit, die wir aus Moses Frage ableiten können, macht ihn durchaus sympathisch.

Aber schwingt da nicht auch eine Menge Bequemlichkeit mit? Soll er ein Leben aufgeben, das gerade in so angenehm geordneten Bahnen läuft?

Liegt die Vergangenheit in Ägypten nicht schon so lange zurück, dass sie ihn eigentlich gar nicht mehr interessiert?

Oder werden da vielleicht plötzlich Sorgen wach, dass er für seinen Mord, den er längst verdrängt hat, noch zur Rechenschaft gezogen werden kann? –

Diesen letzten Punkt entkräftet Gott sofort: Es ist niemand mehr am Leben, der ihm deshalb schaden könnte.

Moses Hauptargument bleibt, dass er nicht redegewandt ist.

Das ist tatsächlich ein Handicap für einen Volksführer. Hier wird eine Aufgabe von ihm erwartet, die so gar nicht zu seinem Gabenprofil zu passen scheint.

Der Erfolg vieler Volksführer steht und fällt damit, dass sie mitreißende Redner sind und andere für ihre Ziele begeistern können.

Redetalent ist mit Sicherheit eine Gabe Gottes, aber nicht die einzige, auf die es ankommt. Mancher gute Redner ist ein Blender, der sich gut verkaufen kann, obwohl es ihm an echter Substanz fehlt. Leider merkt man das oft erst zu spät..

Moses Zivilcourage, mit der er sich bisher für einfache Menschen, denen Unrecht geschah, eingesetzt hat, zählt jetzt bei Gott mehr. Auch Moses Erziehung am königlichen Hof war von großem Wert. Dadurch wusste er wie kein anderer seines Volkes, wie man sich Zugang zum Pharao verschafft und wie man ihn ansprechen muss, um überhaupt erst einmal Gehör zu finden.

Gott lässt es zu, dass sich Mose ihm gegenüber sehr energisch zur Wehr setzt. Hier kommt ein Wesenszug bei Mose zum Vorschein, der keineswegs bescheiden ist, wie es zunächst aussah.

Gott lässt Moses Widerstand zu; denn er will ja sein volles Vertrauen gewinnen, und bedingungsloses Vertrauen auf Gottes Führung ist die Grundvoraussetzung, damit Mose seinen Auftrag erfüllen kann. Was ihm selbst fehlt, wird Gott von anderer Seite hinzutun. Mose ist nicht allein auf sich angewiesen. Sein Bruder Aaron hat das Redetalent, das ihm fehlt, und wird sein Sprachrohr sein.

Ja, durch Gottes Fügung ist er sogar schon auf dem Weg zu ihm. Beide zusammen sollen Gottes Auftrag erfüllen. Das ist ein großes Entgegenkommen. Das kennen wir ja auch: In heikle Situationen gehen ja auch wir oft lieber zu zweit als allein. Moses Geschichte zeigt immer wieder Parallelen zu unserem eigenen Leben.

Das Problem ist für Mose nicht nur der Pharao, sondern er zweifelt, dass sein eigenes Volk ihn als Führer anerkennen wird. Auch diese Bedenken nimmt Gott ernst. Er verleiht Mose die Fähigkeit, mit seinem Wanderstab Zeichen zu tun, die beweisen sollen, dass er von Gott gesandt wurde. Gott fordert ihn auf, seinen Stab in eine Schlange zu verwandeln – und es geschieht.

Aber wie soll Mose seinem Volk klarmachen, wer dieser Gott ist, der die Freiheit seines Volkes will und doch so lange im Verborgenen blieb? Mit welchem Namen soll ihn das Volk Israel anreden? Wie unterscheidet er sich von anderen Göttern?

Gottes Antwort ist souverän und rätselhaft zugleich:

> „Ich bin, der ich bin und der ich sein werde.
> Ich bin der Gott eurer Väter und bin auch für euch da.“

Gott bleibt unserem Zugriff verborgen. Er offenbart sich nur so weit, dass wir spüren: Hier ist eine Macht, der wir bedingungslos vertrauen können – gestern, heute und in Ewigkeit.

Trotzdem wagt es Mose immer wieder, neue Fragen und Zweifel anzumelden, auf die Gott mit großer Geduld eingeht. Doch irgendwann ist Schluss mit dem ständigen „Ja aber ...“, und Gott setzt energisch eine Grenze. Irgendwann muss Mose mit den Antworten, die Gott ihm mit auf den Weg gibt, zufrieden sein. Als er trotzdem noch einmal anfängt: „Herr, sende einen anderen, nur nicht mich“, da wurde Gott zornig und sprach: „Ich sende dir deinen Bruder Aaron zu Hilfe, und jetzt geh! Mein Volk und dein Volk wartet auf seine Befreiung.“

Da ist Moses Widerstand gebrochen, und mit Gottes Hilfe führt er das Volk Israel aus der Sklaverei bis das ‚Gelobte Land' in Sicht ist, und unter seiner Führung schließt Gott einen endgültigen Bund mit seinem Volk und gibt ihm seine Gebote.

In einem „Atlas der Weltreligionen“ fand ich eine kurze, prägnante Würdigung seines Wirkens aus heutiger Sicht. Dort heißt es:

> „Mose vereinte die Rolle eines Lehrers, eines Propheten, eines Führers und Generals in sich und formte sein Volk mit großer Autorität auf einzigartige Weise.“

Wer hätte das bei seiner Berufung gedacht!

Trotzdem bleibt Mose ein Mensch, der immer wieder versagt, und auch Aaron macht oft große Fehler. Auch das Volk Gottes geht immer wieder Irrwege. Aber Gottes Handeln behält den Sieg. Das zieht sich wie ein roter Faden durch das ganze 2. Buch Mose. Gott steht zu seinen Zusagen.

Für uns heißt das: Wir müssen uns nicht vor unseren Fehlern fürchten, aber davor, dass wir Gott zu wenig zutrauen, denn das war es letztlich, was Gottes Zorn erregte.

Auch Jesus hat immer wieder um dieses Vertrauen geworben. Als Christen sind wir sogar noch besser dran als Mose, der ja 1500 Jahre **vor** Christus lebte.

Uns ist Gott in Jesus ganz nahe gekommen. Jesus lehrte uns, dass Gott jeden von uns liebt und wir ihn „Vater“ nennen dürfen, und er stand dafür mit seinem Leben und Sterben ein.

Wer bin ich? – ein Mensch mit Fehlern und Schwächen, mit Ecken und Kanten, aber von Gott geliebt, so dass ich immer wieder singen kann *„So wie ich bin komm ich zu dir ...“*.

Diese Liebe Gottes den Menschen unserer Zeit nahezubringen, ist auch Auftrag unserer Kirche. Dafür wurde uns ein Leitwort gegeben, das ich an dieser Stelle in Erinnerung bringen möchte:
„Ziel unserer Arbeit ist es, bisher kirchenferne Menschen mit der Liebe Gottes vertraut zu machen, sie in die verbindliche Gemeinschaft unserer Kirche einzuladen und mit ihnen unseren christlichen Glauben zu leben."

Das ist nicht Selbstzweck, damit unsere Kirche am Leben bleibt, sondern Gott will Menschen mit all ihren Belastungen zur Freiheit der Kinder Gottes führen, so wie er es mit seinem Volk Israel gewollt hat. Auch eine kleine Gemeinde soll diesen Auftrag aus Gottes Hand annehmen und sich nicht davor fürchten. Keiner von uns ist allein, sondern wir ergänzen uns, und je mehr wir zusammenstehen, desto weniger werden einzelne überfordert.

In dieser Gemeinschaft sollen sich aber auch Menschen geborgen und zu Hause fühlen, die nicht oder nicht mehr die Kraft haben, sich aktiv einzusetzen – aus welchen Gründen auch immer. Nur zu große Bequemlichkeit darf nicht das Motiv sein.

„Wer bin ich?" – „Wo ist mein Platz?" – aber auch „Wo kann und muss ich mich persönlich zurücknehmen?" Gerade letzteres ist oft nicht weniger schwer.

In jedem von uns vereinigen sich so verschiedene positive und negative Eigenschaften, dass wir sicher auch manchmal wie Bonhoeffer hin- und hergerissen sind.

Ich wünsche uns allen die Erfahrung, mit der Bonhoeffer sein Gedicht „Wer bin ich?" abschließt:

„ Wer ich auch bin, Du kennst mich, Dein bin ich, o Gott."

19. Unter Gottes Führung

„Gott führt sein Volk am Tage in einer Wolke
und in einer Feuersäule des Nachts.“

Predigttext:

2. Mose (Exodus) 13, 17/18 und 21/22 (rev. Lutherübersetzung 1984)

Als der Pharao das Volk Israel hatte ziehen lassen, führte sie Gott nicht den Weg durch das Land der Philister, der am nächsten war;
denn Gott dachte, es könnte sein Volk gereuen, wenn sie Kämpfe vor sich sähen, und sie könnten wieder nach Ägypten umkehren.
Darum ließ er das Volk einen Umweg machen und führte es durch die Wüste zum Schilfmeer.

Und der Herr zog vor ihnen her, am Tage in einer Wolkensäule, um sie den rechten Weg zu führen, und bei Nacht in einer Feuersäule, um ihnen zu leuchten, damit sie Tag und Nacht wandern konnten.

Niemals wich die Wolkensäule von dem Volk bei Tage,
noch die Feuersäule bei Nacht.

„Urlaub“ – das verbindet sich für mich von Kindheit an mit der Beobachtung von Wolken, – nicht nur, weil sie dem Himmel in ihren vielseitigen Formationen eine faszinierende Lebendigkeit geben, sondern vor allem als Wetterboten.

Ich bin früher oft mit meinen Eltern und Geschwistern auf Zeltfahrt gegangen, damals noch unter recht primitiven Bedingungen. Aber es war für uns die einzige Möglichkeit, kurzfristig zu planen und mit relativ wenig Geld viel Schönes zu erleben. Besonders zog es uns immer wieder in die Alpen. Solche Urlaube sind allerdings auch immer etwas wetterabhängig. Wenn in einer Schönwetterperiode die ersten zarten Schleierwolken auftauchten, dann war das für mich ein Signal, dass das nächste „Tief“ im Anzug war.

Noch beachtete niemand diese Schleierwolken am blauen Himmel. Aber es dauerte nicht mehr lange bis sie in Schäfchenwolken übergingen, die sich immer mehr verdichteten – zunächst noch weiß, aber zunehmend grauer und dunkler. Mit der geplanten Bergwanderung am nächsten Tag würde es wohl nichts mehr werden. Meine Mutter war immer ziemlich frustriert über meine Wetterprognosen.

In unseren Breiten atmen wir auf, wenn die Wolkendecke zerreißt. Die Wolken sind der Alltag, der strahlend blaue Himmel dagegen das Besondere.
Völlig umgekehrt dagegen die Situation in der Wüste: Hier wird die Wolke geradezu zu einem Symbol für Gottes Führung und Fürsorge.

Wenn Gott sein Volk in einer Wolke begleitet, so ist das für uns kein spektakuläres Bild, aber in der sengenden Sonne der Wüste eben doch etwas ganz Besonderes.

Ich möchte das Bild unseres Textes – die Wolken- und die Feuersäule – einmal unter drei Gesichtspunkten betrachten:

1. als Zeichen für Gottes Fürsorge
2. als Zeichen für Gottes befreiendes Handeln
3. als Zeichen für Gottes Gegenwart

Um es vorweg zu nehmen: Alle drei Seiten dieses Bildes zeigen uns: Gott bleibt sich selbst treu in seiner unendlichen Güte und Geduld, aber wir Menschen sind heute auch noch genauso darauf angewiesen wie das Volk Israel vor ca 3200 Jahren. Wir haben uns kaum verändert mit unserem Murren, mit unserem Wechsel von Dankbarkeit und Ungeduld, mit unseren Ängsten und unserem Bedürfnis nach Sicherheit und klarer Führung.

Richtig deutlich wird das, wenn wir uns einmal die Zeit nehmen, alle Berichte über die Wüstenwanderung des Volkes Israel im Zusammenhang zu lesen, – Berichte voller Krisen und voller Höhen und Tiefen. Ich habe hier ja nur einige Verse aus der Anfangszeit der Wüstenwanderung herausgegriffen.

Nun zu Punkt 1:
Die Wolke ist ein Zeichen der Fürsorge Gottes

Er schickt die Seinen nicht ohne Schutz auf einen ungewöhnlich harten Weg. Am Tag spendet diese Wolke so viel Schatten, dass eine Wanderung überhaupt erst möglich wird. Ohne diesen Schutz wären sie in der Gluthitze des Tages sicher nicht weit gekommen.

Von dem methodistischen Kirchenvater John Wesley wird erzählt, dass er einmal an einem besonders heißen Sommertag vor 3000 Menschen im Freien predigte. Der Schweiß brach ihm aus, und er spürte, dass er nicht mehr fähig war, sich zu konzentrieren. Da betete er: „Herr, schicke eine Wolke, ich kann nicht mehr weiter!“ – und die Wolke kam, und die Veranstaltung konnte in aller Ruhe zu Ende geführt werden.

Bleiben wir bei den Bedingungen in der Wüste: Sie sind von Kontrasten geprägt. Von einer Stunde zur anderen wird es Nacht, – und die Nächte können bitterkalt sein. Wir machen uns gewöhnlich gar nicht klar, dass der Temperaturunterschied 50° C und mehr betragen kann. Jetzt ist es die Feuersäule, die das Volk weiterleitet.

Es ist viel spekuliert worden, welches Naturphänomen dahinter steckt, ob hier Sonnenspiegelungen zum Tragen kommen. Aber sie sind in unserem Zusammenhang zweitrangig. Entscheidend für die Kinder Israel war: Gott schenkte ihnen die Möglichkeit, auch nachts weiter zu wandern und nicht jedes Mal umständlich alle Zelte auszupacken, um sich vor der Kälte zu schützen. Durch die Feuersäule erhalten sie Licht und Wärme. Wolken- und Feuersäule sind zwei Seiten desselben Gottes, der Tag und Nacht für die Seinen da ist.

Wir könnten durch unseren Text, wo es heißt: „... damit sie Tag und Nacht wandern können ...“, den Eindruck gewinnen, dass das Volk ununterbrochen Tag und Nacht unterwegs sein muss. Aber das trifft nicht zu: Zur Fürsorge Gottes gehören auch längere Ruhepausen. Das wird im 4. Buch Mose (Numeri) sehr ausführlich beschrieben (4. Mose 9, 18 – 23). Dort heißt es wörtlich: *„Gott gab ganz klare Anweisungen. Blieb die Wolke über dem Lager stehen, so zogen die Israeliten nicht weiter, auch wenn das 2 Tage, 1 Monat oder noch länger dauerte. Wenn sich die Säule erhob, brachen sie auf.“* – Das konnte auch einmal sehr plötzlich sein. Es gab durchaus Situationen, in denen Eile geboten war. Ein Beispiel dafür wird im unmittelbaren Anschluss an unseren Predigttext geschildert: Es ist die bekannte Geschichte vom Durchzug der Kinder Israel durch das Schilfmeer (wahrscheinlich nicht das „Rote Meer“, wie man früher annahm.).

Für Israel bedeutet dieser dramatische Weg die endgültige Rettung aus der Hand der Ägypter, für das ägyptische Heer die Vernichtung und für den Pharao selbst das endgültige Aus für seinen Anspruch, Gott ähnlich zu sein.

Wir kommen damit zu Punkt 2:

Die Wolkensäule wird zum Zeichen für Gottes befreiendes Handeln.

Gott will die Freiheit seines auserwählten Volkes, und er setzt sie durch. Aber es ist etwas Eigenartiges um unseren Umgang mit dieser Freiheit, damals wie heute. Bei Schwierigkeiten sehnt man sich schnell zurück nach den vergangenen Zeiten, in denen man sich mehr schlecht als recht arrangiert hatte.

In unserem Text heißt es: „Gott dachte, es könnte das Volk gereuen, wenn sie Kämpfe – hier gegen die Philister – vor sich sähen und sie könnten wieder nach Ägypten umkehren. Deshalb führt er sie durch die Wüste, statt über die kürzere Straße am Meer."

Gott muss Israel vor sich selbst schützen, damit es die eben gewonnene Freiheit nicht vorschnell wieder aufgibt. Deshalb ist die erste Führung, die das Volk durch die Wolkensäule erfährt, ein Umweg, ja, geradezu ein Zickzack-Kurs, wie alte Landkarten zeigen.

Für den Pharao sieht dieser Weg wie ein Irrweg aus. Eine willkommene Gelegenheit, das Volk mit Gewalt zurückzuholen. Aber auch die Israeliten glauben, in eine Sackgasse geraten zu sein, hoffnungslos in der Wüste gefangen zwischen Schilfmeer und unwegsamem Gebirge. Dass Gott damit einen weisen Plan verfolgt, erkennen sie erst später, und so beklagen sie sich bitter:

Kennen wir nicht alle schwierige Situationen in unserem Leben, Umwege, bei denen wir erst im Nachhinein erkannt haben, dass sie zu Gottes gutem Plan für unser Leben unbedingt dazugehörten?

Haben wir durch solche Erfahrungen nicht oft ein Stück innerer Freiheit gewonnen? Dass Freiheit nicht mit grenzenloser Selbstverwirklichung gleichzusetzen ist, sondern zu neuen Aufgaben führt, wird immer wieder missverstanden. Auch Israel wurde von Gott auserwählt, um zum Vorbild und zum Heil für alle Völker zu werden – und wir wissen, wie schwer es sich damit tat!

Gott befreit sein Volk im Schutz der Wolke. Die Wolkensäule trat zwischen das Heer der Ägypter und das Heer Israels. Dort war die Wolke finster, und hier erleuchtete sie die Nacht, und so kamen die Heere einander die ganze Nacht nicht näher. Hier wird noch einmal bestätigt: Es ist dieselbe Wolkensäule, die Licht und Schatten gibt, je nachdem, was notwendig ist.

Wie ein roter Faden zieht sich dieses Bild durch die 40-jährige Wüstenwanderung, die Gott mit seinem Volk geht – und sie ist geprägt von seiner unendlichen Geduld.

Und damit sind wir bei Punkt 3:

Wolken- und Feuersäule sind Zeichen für die Gegenwart Gottes.

Solche Vorstellungen sind grundsätzlich im Altertum nichts Neues. Auch die heidnischen Völker verbanden ihre Gottesvorstellungen mit Naturerscheinungen von Feuer, Rauch und Wolken, die sich besonders an Vulkanen konzentrierten. Deshalb galten Vulkane von Alters her als Sitz von Gottheiten. Zu ihren Füßen befanden sich oft mehrere Kultstätten nebeneinander von verschiedenen Nomadenstämmen, mit denen auch Israel in Berührung kam. Die Begleitumstände, als Gott am Berg Sinai mit seinem Volk seinen Bund schließt, gleichen durchaus einem gewaltigen Vulkanausbruch. Und doch ist der Gott Israels, – der Gott, an den auch wir glauben – ganz anders; denn er bindet sich an keinen Ort und keine Zeit. Die frei wandernde Wolkensäule ist ein Symbol dafür.

Unser Gott geht mit seinem Volk bis in die tiefsten Strapazen hinein – verhüllt in einer Wolke, weil wir Menschen seinen Anblick nicht ertragen könnten, – aber sichtbar in seiner Liebe.

Ein Gott, der seinem Volk ganz nahe ist, mit ihm redet und auch seine Undankbarkeit und sein Murren ernst nimmt.
Ja, Gott kennt auch die Wurzeln unserer Ängste und unseres Aufbegehrens und schenkt uns neue Kraft, wo wir überfordert sind. –

Eine Wolke in glühender Sonne, ein wärmender Feuerschein in kalter Nacht – für das wandernde Gottesvolk sind dies Wegweiser und zugleich unentbehrliche Zeichen von Gottes Liebe. Sie haben sie später in ihren Psalmen und Lobgesängen immer wieder lebendig erhalten.

Man mag diese alten Bilder belächeln oder als Mythen abtun. Aber eins ist sicher: Es ist derselbe Gott, der sein Volk in der Wüste begleitet, der sich uns Menschen Jahrhunderte später in einzigartiger Weise in Jesus Christus zuwendet – unüberbietbar in seiner Liebe. Ja, das ist der absolute Höhepunkt von Gottes Zuwendung zu uns Menschen.

Und es ist derselbe Gott, der uns durch seinen Heiligen Geist die Möglichkeit schenkt, auch in unserem Alltag immer wieder Zeichen seiner Liebe zu erkennen.

20. ‚Ein Mäusegleichnis'

Eine kleine Parabel zwischendurch ...

Vor kurzem hatte sich eine kleine Feldmaus in unsere Wohnung verirrt.

Als sie mich bemerkte, verschwand sie blitzschnell in der unzugänglichsten Ecke der Küche hinter dem Gefrierschrank, und sie verhielt sich dort im wahrsten Sinne des Wortes „mucksmäuschenstill".

Erst nach einigen Tagen lief sie mir wieder über den Weg – ein possierliches Tierchen, dem ich gern helfen wollte, wieder in die Freiheit zu gelangen. Also machte ich die Haustür weit auf, aber unser Mäuslein rannte in die entgegengesetzte Richtung. Ich verschloss die Tür zum Nebenzimmer und versuchte, die Maus vorsichtig zur Haustür zu leiten. Draußen schien die warme Sonne.

Doch es half nichts. Ich beobachtete, wie sich die Maus flach machte als hätte sie keine Knochen im Leib und unter einem fingerdicken Spalt der Wohnzimmertür hindurchschlüpfte. Auch im Wohnzimmer gab es eine Tür nach draußen, die ich weit öffnete. Aber die Maus quetschte sich mit ihrer ganzen Kraft hinter einen Schrank und verschwand dort auf Nimmerwiedersehen. Bequem war das sicher nicht, und ich vermute, dass sie dort langsam verhungert ist. Sie konnte mit ihrem Mäuseinstinkt leider nicht begreifen, dass ich es gut mit ihr meinte. Ja, man müsste eben selbst eine Maus sein, um von ihr verstanden zu werden! –

Mir kommt diese kleine Mäuseszene wie ein Gleichnis vor.
Verhalten wir Menschen uns nicht oft ganz ähnlich?
Welche Klimmzüge unternehmen wir mitunter, um der gütigen Hand unseres Gottes auszuweichen! Wie oft lehnen wir jede Hilfe ab, um unsere eigenen Wege durchzusetzen! Wie leicht verrennen auch wir uns in einer Sackgasse und finden den Rückweg nicht mehr!

Sie sehen schon, wie bilderreich unsere Sprache das zum Ausdruck bringt.

Dabei geht es uns Menschen doch viel besser als einer kleinen Maus, für die ich fremd und beängstigend war, obwohl ich ihr helfen wollte.

Gott ist uns Menschen gegenüber nicht eine fremde, unnahbare, jenseitige Macht geblieben, sondern in Jesus ist er uns ganz nahe gekommen. Er lebte mit uns als Mensch unter Menschen, um uns begreiflich zu machen, dass er uns liebt.

Er sprach unsere Sprache und teilte unser Leben mit allen Höhen und Tiefen, und gerade zu den Menschen, denen es schlecht ging, baute Jesus ein besonderes Vertrauensverhältnis auf. Mit seinem ganzen Leben brachte er uns Gottes Liebe nahe. Niemand braucht vor ihm ängstlich davon laufen.

Uns allen gilt Jesu Einladung: *„Kommet her zu mir, die ihr euch abmüht und unter eurer Last leidet! Aufatmen sollt ihr und frei sein!"* Das sind keine Worte, die der Vergangenheit angehören, sondern Jesus hat seine Jünger ausdrücklich beauftragt, diese Botschaft allen Menschen von Generation zu Generation weiterzusagen, und Gottes heiliger Geist hat sie zu allen Zeiten dazu befähigt. Der Apostel Paulus hat dies in seinen Briefen besonders eindringlich getan. Die Freiheit der Kinder Gottes war für ihn ein ganz wichtiges Thema. So schreibt er u. a. an die Galater: *„So lebt nun in der Freiheit, zu der uns Christus befreit hat."*

Trotzdem fällt es vielen Menschen schwer, dieses Geschenk der Freiheit einfach zu akzeptieren, und die Gründe sind recht unterschiedlich. Ich denke dabei an eine ehemalige Kollegin, die von Esoterik fasziniert war und auf diesem Weg zu innerer Freiheit und zu einem höheren Bewusstsein gelangen wollte. Deshalb besuchte sie regelmäßig sog. ‚Selbsterfahrungskurse'. Sie erzählte mir von den Übungen, die dort in durchwachten Nächten oder tagsüber mit verbundenen Augen durchgeführt wurden. Für mich klang das alles sehr kompliziert und befremdlich, und sie sagte selbst, dass sie dort Nächte durchlebt hat, die die reinste Hölle waren. Aber sie schreckte vor keiner Anstrengung zurück, um ihr Ziel – eine Form der Selbsterlösung zu erreichen, und sie nahm in Kauf, dass ihre Familie darüber zerbrach. Sie erinnerte mich an unsere Maus, die sich lieber hinter einen Kleiderschrank zwängte als den Weg durch die geöffnete Tür zu gehen. Ich hätte sie so gern davon überzeugt, dass Gott uns in Jesus Erlösung und innere Freiheit umsonst schenkt, wenn wir uns seiner Führung anvertrauen. Aber das war ihr unbegreiflich, und so führte ihr Weg mehr und mehr in die Isolation.

Im Gegensatz zu dieser verkrampften Suche nach einem Halt aus eigener Kraft steht bei vielen Menschen heute die Sehnsucht nach größtmöglicher Sicherheit und Geborgenheit im Vordergrund. Sie wünschen sich eine starke Hand, die sagt, wo's lang geht, wenn die alten, vertrauten Werte infrage gestellt werden. Darin besteht wohl die große Anziehungskraft von einigen Sekten, die von ihren Mitgliedern absolute Abhängigkeit fordern. Die Bereitschaft, sich dieser persönlichen Unfreiheit zu unterwerfen, nannte ein Schriftsteller sehr treffend: „Die Flucht in die sicheren Burgen".

Zu spät merken die Betroffenen dann oft, wie stark sie auf diesem ‚Fluchtweg' ihre Persönlichkeit verbiegen müssen, denn nach Gottes Willen sind wir zur Freiheit berufen. Sie ist der Lebensraum, für den uns Gott ursprünglich geschaffen hat, und zu dem uns Jesus den Zugang neu eröffnet hat.

Freiheit aber ist kein Selbstzweck sondern immer mit Verantwortung verbunden. Davor scheuen manche Menschen zurück. Der Psychologe Erich Fromm spricht sogar von einer „Furcht vor der Freiheit". Es kann durchaus ein Wagnis sein, unsere selbstgeschaffenen Gefängnisse zu verlassen. Aber Gott nimmt auch diese Sorgen ernst. Er kennt auch unsere Angst vor Überforderung oder das Gefühl, manchmal am liebsten blindlings davonlaufen zu wollen, egal wohin.

Aber er mahnt auch unser Vertrauen an, wenn er uns sagt: *„Sehet die Vögel unter dem Himmel und alle Tiere und Blumen, die Gott nährt und kleidet. Seid ihr denn nicht viel mehr als sie? Oh, ihr Kleingläubigen!"*

Daran sollten wir denken, wenn wir wieder einmal auf dem Wege sind, wie eine verirrte, kleine Maus zu reagieren.

21. Engel – unsere stillen Begleiter

Predigt zum Weihnachtsfest

Heute sollen einmal die Engel, die die Geburt des Heilands verkündigt haben, im Mittelpunkt meiner Predigt stehen.

Dazu zunächst ein Auszug aus der Weihnachtsgeschichte. Achten Sie einmal darauf, wie knapp und prägnant Lukas dieses außerordentliche Geschehen beschreibt. Da ist kein Wort zuviel. Nichts ist emotional überhöht, und wahrscheinlich ist dieser Bericht gerade deshalb auch für sehr nüchtern denkende Menschen glaubhaft. Es ist allerdings kein Wunder, dass die Menschen zu allen Zeiten das Bedürfnis hatten, sich dieses großartige Ereignis noch ausführlicher auszumalen, und so ist auch unsere Fantasie heute von Malern, Musikern und Dichtern beeinflusst, die das Weihnachtsgeschehen in der Kunst festgehalten haben. Wir kennen hunderte von Engeldarstellungen und kaum ein Weihnachtslied, in dem sie nicht vorkommen.

Die Engel verkündigen die Geburt des Heilands
Lukas 2, 8 – 20 (rev.Lutherübersetzung 1984)

Es waren Hirten in derselben Gegend auf dem Felde bei den Hürden, die hüteten des Nachts ihre Herde.

Und der Engel des Herrn trat zu ihnen, und die Klarheit des Herrn umleuchtete sie, und sie fürchteten sich sehr. Und der Engel sprach zu ihnen: „Fürchtet euch nicht! Siehe, ich verkündige euch große Freude, die allem Volke widerfahren wird: denn euch ist heute der Heiland geboren, welcher ist Christus, der Herr in der Stadt Davids. Und das habt zum Zeichen: Ihr werdet finden das Kind in Windeln gewickelt und in einer Krippe liegen."

Und alsbald war da bei dem Engel die Menge der himmlischen Heerscharen, die lobten Gott und sprachen:
„Ehre sei Gott in der Höhe und Frieden auf Erden bei den Menschen seines Wohlgefallens."

Und als die Engel von ihnen gen Himmel fuhren, sprachen die Hirten untereinander: „Lasst uns nun gehen nach Bethlehem und die Geschichte sehen, die da geschehen ist, die uns der Herr kund getan hat." Und sie kamen eilends und fanden beide, Maria und Josef, dazu das Kind in der Krippe liegen. Als sie es aber gesehen hatten, breiteten sie das Wort aus, das zu ihnen von diesem Kind gesagt war.

Und alle, vor die es kam, wunderten sich über das, was ihnen die Hirten gesagt hatten.

Maria aber behielt alle diese Worte und bewegte sie in ihrem Herzen. Und die Hirten kehrten wieder um, priesen und lobten Gott für alles, was sie gehört und gesehen hatten, wie es ihnen von den Engeln gesagt war.

Sind Hirten glaubwürdige Zeugen für die Geburt des Erlösers?

Gott hat es mit Sicherheit so gesehen. Sie haben zwar in Palästina keinen hohen sozialen Status, aber von ihnen wird erwartet, dass sie sehr zuverlässig sind und Tag und Nacht einsatzbereit. Sonst hätte man ihnen die Herden, die nicht ihre eigenen sind, nicht anvertraut. Sie stehen mit beiden Beinen auf der Erde und können sich keine Sinnestäuschungen erlauben, denn gerade nachts lauern besondere Gefahren von wilden Tieren oder Dieben und Räubern, die in die Herden einbrechen wollen. Hirten sind praktische Alltagsmenschen, und schon von Berufs wegen keine ängstlichen Naturen.

Genau das macht sie so geeignet für die Erfahrungen, die ihnen bevorstehen. Es ist eine ganz normale Nacht in ihrem Alltag, in der sie auf nichts Besonderes vorbereitet sind. Sie gehören sicher auch nicht zu den Israeliten, die schon lange auf den verheißenen Messias warteten. Da tritt ihnen in überwältigender Weise die Welt der Engel gegenüber.
Die Engel sind himmlisch-überirdische Wesen und deshalb mit menschlichen Worten nur unvollkommen zu beschreiben. Sie gehören zu der unsichtbaren Welt Gottes, die wir mit unseren irdischen Sinnen und mit unserer Gebundenheit an Zeit und Raum nicht erfassen können. Nur wenn es Gottes Wille ist, sie uns als Boten zu senden, wird diese Grenze durchbrochen.

Die Botschaft der Engel ist mehr als das, was Menschen von sich aus begreifen können und völlig anders als das, was sich unsere Fantasie ausdenken kann. Zunächst ist es ein einziger Engel, der vor den Hirten erscheint und ihnen die Geburt des Heilands ansagt. Aber dann tritt zu dem Engel die Menge der himmlischen Heerscharen. Hier wird Gottes ganze Größe und Herrlichkeit sichtbar. Das macht den ungewöhnlichen Rang des Weihnachtsgeschehens deutlich: Gott, der den Menschen sonst so fern ist, tritt aus seiner Jenseitigkeit heraus und wendet sich uns Menschen sichtbar und erfahrbar zu. Noch ist Jesus ein kleines Kind in einer Futterkrippe in einem Stall, und wenn es den Menschen nicht auf besondere Weise verkündet wird, wird zunächst in ihm niemand den Heiland der Welt sehen. Auch in seinem weiteren Leben auf unserer Erde bleibt Jesus Mensch unter Menschen, der alles Leid der Menschen teilt. Und doch wird Gottes Liebe in ihm sichtbar.

Wenn Gott so plötzlich – wie es hier geschieht – in das irdische Geschehen eingreift und Engel sendet, die den Menschen mitten in ihrer alltäglichen Beschäftigung begegnen – dann kann die erste Reaktion ja nur ein großes Erschrecken sein..

Genauso beschreibt es Lukas in seiner Weihnachtsgeschichte. Wörtlich übersetzt heißt es sogar „eine furchtbare Furcht kam über sie“ –weit entfernt von jeder Art von Weihnachtsromantik.

Es ist nicht nur das blendende Licht. Diese Angst stammt aus der unmittelbaren Begegnung von menschlicher und göttlicher Welt. Plötzlich erlebt man hautnah, welch ein riesiger Abstand zwischen diesen Welten besteht. So ging es auch seinerzeit dem Propheten Jesaja, als Gott ihn in seinen Dienst berief. Entsetzt rief er aus: „Wehe mir, ich vergehe, denn ich bin unreiner Lippen!“
Ich wage mir kaum vorzustellen, wie ich in einer solchen Situation reagiert hätte.

Wer Gott erfährt, erkennt immer zuerst, was ihn von Gott trennt. Völlig verwirrt stehen die Hirten vor den Engeln. Ihre ganze reale Lebenswelt ist erschüttert.

Aber Gott begegnet den Hirten nicht, um sie zu vernichten, sondern um ihnen echte Freude zu schenken. Das ist das Zentrum der Weihnachtsbotschaft. Aber diese Freude können sie erst begreifen, nachdem ihnen der Engel ihre Furcht genommen hat. Wenn ein Engel Gottes sagt „Fürchtet euch nicht“, dann hat das ganz bestimmt etwas sehr Beruhigendes und Tröstliches, das überzeugt. Ab sofort begegnet Gott ihnen nicht mehr im gleißenden Licht, sondern im Kind in der Krippe.

Absoluter Höhepunkt der Weihnachtsgeschichte ist jedoch der Lobgesang der Engel. Er ruft alle dazu auf, in ihn einzustimmen – nicht nur in den Weihnachtsliedern. Das große „Gloria“ gehört wohl zu den am meisten vertonten Texten der Musikgeschichte – im Weihnachtsoratorium, im ‚Messias’, in den vielen Messe-Vertonungen fast aller großen Komponisten aller Jahrhunderte und auch in unseren liturgischen Gesängen.

„Ehre sei Gott in der Höhe und Frieden auf Erden ...“ .

Die Sehnsucht nach Frieden, die Sorge vor neuen Terroranschlägen und vor Naturkatastrophen und die verschiedensten Zukunftsängste führen jedes Jahr überdurchschnittlich viele Menschen in die Weihnachtsgottesdienste, um etwas von diesem „Fürchte dich nicht“ persönlich zu erleben. Doch wenn sie von der Weihnachtsbotschaft einen Frieden erwarten, der durch die Politik gesichert wird, dann sind sie .schnell enttäuscht. Für diesen Frieden steht in der Weihnachtsgeschichte die Gestalt des Kaiser Augustus. Mit Waffengewalt hat er viele Auseinandersetzungen im römischen Reich beendet, allerdings nur für kurze Zeit. Hass und Aggressionen gingen weiter und führten zu neuen Kriegen. Der Friede, der von dem Engelheer ausgerufen wird, ist anders. Es ist der Friede mit Gott, der von Gott ausgeht und deshalb höher ist als alle Vernunft. Wenn wir Gott die Ehre

geben, ist kein Platz mehr für Herrschsucht, Rechthaberei, Wut und Hass, sondern wir erhalten die Fähigkeit, einander die Hand zur Versöhnung zu reichen – und umgekehrt: Wo Menschen Gott die Ehre verweigern, bleiben sie Knechte ihrer Neigung zur Gewaltanwendung.
Ich finde die Bibelübersetzung „Hoffnung für alle" in diesem Sinne besonders treffend: *„Gott im Himmel gehört alle Ehre; denn er hat den Frieden auf die Erde gebracht für alle, die bereit sind, seinen Frieden anzunehmen."*

Dass die Engel Gottes in die Weihnachtszeit gehören, wird allgemein akzeptiert. Doch ich habe mich gefragt: „Was sagt unsere Theologie heute grundsätzlich zu dem Glauben an die Engel?"

Nach allem, was ich darüber gelesen habe, möchte ich antworten: Die Reaktionen sind sehr zurückhaltend, aber nicht ablehnend. Die Zeiten sind vorbei, in denen man Engel in die Welt der Märchen und Fabeln verbannte.

Engel werden als Geschöpfe Gottes bezeichnet, die zusammen mit dem Licht am ersten Schöpfungstag ins Leben gerufen wurden, um ihrem Schöpfer zu lobsingen und sein weiteres Wirken zu begleiten. Wenn wir im Nizänischen Glaubensbekenntnis beten: „Wir glauben an den einen Gott, der alles geschaffen hat, die sichtbare und die unsichtbare Welt" – dann sind die Engel mit einbegriffen.

Engel sind Grenzgänger, die als Boten zu den Menschen kommen, wenn Gott in besonderer Weise in ihr Leben eingreifen will. Immer ist es Gott selbst, der durch sie wirkt.
Mir gefällt eine Aussage, die ich gelesen habe, besonders gut:
„Engel sind wie Fenster, durch die Gottes Licht hindurch scheint."
Sie sind an keine Gestalt gebunden, sondern treten so auf, wie es für ihren jeweiligen Auftrag angemessen ist, damit sie von den Menschen, denen ihre Botschaft gilt, verstanden werden können – als sichtbare und unsichtbare Begleiter. Sie können im Gewand ganz normaler Mitmenschen Kontakt zu uns aufnehmen, aber auch wie in der Weihnachtsgeschichte – im überirdischen Licht und Glanz. Die Flügel und die weißen Gewänder, die ihnen häufig angedichtet werden, haben gewöhnlich symbolische Bedeutung: „weiß"; weil darin jede Spektralfarbe verborgen ist und „Flügel", weil sie überall zugleich sein können und unseren menschlichen Dimensionen und Entfernungsbegriffen nicht unterworfen sind.

Sie werden plötzlich wahrgenommen, erfüllen ihren Auftrag und sind genauso plötzlich wieder unsichtbar. Oft werden sie erst nachträglich an ihrer Botschaft erkannt.

Nie geben sie ihr Geheimnis aus einer anderen Welt völlig preis, aber wo sich Gott durch Engel offenbart hat, ist nichts mehr wie vorher. Wir erleben, wie sie die Hirten in Bewegung bringen, so dass sie zum Kind im Stall eilen und die frohe Botschaft weitersagen, und die Weihnachtsgeschichte schließt damit, dass sie voll Lob und Dank zu ihren Herden in ihren Alltag zurückkehren.

Die Bibel berichtet, dass die Geburt vieler bedeutender Männer des Volkes Israel von Engeln vorhergesagt wurde. Ich nenne nur als Beispiele die Geburt Isaaks, Simsons, Samuels oder Johannes des Täufers. Wie die Engel es ankündigten, so geschah es. Aber kein neugeborenes Kind wurde von den Engeln so freudig auf Erden begrüßt wie Jesus. Die Evangelien berichten, dass Jesus auch in seinem weiteren Leben, wenn es um besonders schwere Entscheidungen ging, mit Engeln in Kontakt stand, und wir hören von Jesus selbst, dass er einmal in Herrlichkeit mit seinen Engeln wiederkommen wird, um unsere Welt zur Vollendung zu führen.

Mehr als 200-mal wird in der Bibel von Begegnungen mit Engeln gesprochen. Wenn wir die Bibel ernst nehmen, gehören auch die Engel dazu. Allerdings kommen Engel in allen Religionen, die an ein Jenseits glauben, vor – auch schon in vorbiblischer Zeit. Im Judentum nahm der Engelglaube in den letzten zwei Jahrhunderten vor Christi Geburt einen regelrechten Aufschwung unter persischem Einfluss.

Engel spielen auch im Islam, im Buddhismus und in allen esoterischen Weltanschauungen eine wichtige Rolle, ebenso bei den Mormonen und Anthroposophen. Es ist für uns deshalb fast unmöglich, zwischen Wahrheit und Einbildung sowie zwischen Spekulationen bis hin zu bewusster Täuschung zu unterscheiden. Viele sog. persönlichen Engelerlebnisse haben ihren Ursprung in den unbewussten Schichten der menschlichen Seele und können von Psychologen erklärt werden. Zurückhaltung ist also durchaus angebracht.

Auch unsere methodistische Kirche hält sich an diese Zurückhaltung. Das schließt aber nicht aus, dass wir in der Weihnachtszeit mit großer Freude das Charles-Wesley-Lied singen: „Hark! The herald-angels sing.“ Es trat in vielen Übersetzungen seinen Siegeszug um die Welt an.

Die Hirten waren keine Einzelpersonen, die in der Einsamkeit der Nacht alle gleichzeitig einer Sinnestäuschung erlegen sind, sondern eine Gruppe erdverbundener, nüchterner Männer, und das Ereignis traf sie ohne jede Vorbereitung. Ihrem Bericht möchte ich getrost Glauben schenken. –

Am Ende eines Jahres – wenn wir zurückschauen auf viel Bewahrung in unserem vergangenen Leben, aber auch voll Vertrauen in die Zukunft gehen wollen, kann der Glaube an die Begleitung von Gottes Engeln etwas sehr Wohltuendes sein. Gerade in Grenzsituationen, in denen bisherige Sicherheiten schwinden, brauchen wir sicheres Geleit. Es ist ein sehr schöner Gedanke, dass uns ein Schutzengel zur Seite steht, aber besser wäre es, von „Begleitengel" zu sprechen. Denn seine Gegenwart bedeutet nicht automatisch Schutz vor Gefahren, aber er kann uns helfen, auch schwere Wege aus Gottes Hand anzunehmen.

Ein besonders eindrucksvolles Beispiel dafür ist das bekannte Lied von Dietrich Bonhoeffer „Von guten Mächten wunderbar geborgen erwarten wir getrost, was kommen mag ..." Er hat es im Gefängnis Tegel zum Jahreswechsel im Kriegswinter 1944/45 kurz vor seinem gewaltsamen Tod für seine Freunde gedichtet . Damit hat er uns einen Schatz hinterlassen, der schon vielen Menschen Kraft gegeben hat. Aber ohne diese letzte schwere Phase seines Lebens wäre das wohl nicht möglich gewesen.

In unserer Familie war es Tradition, dass meine Schwiegermutter bis zu ihrem Tod Weihnachten bei uns verlebte. Und eines ihrer Lieblingslieder, das nie fehlen durfte, war „Am Weihnachtsbaum die Lichter brennen ..." – alle 6 Strophen. Ich fand gerade dieses Weihnachtslied ziemlich kitschig, aber ich habe mir das ihr zuliebe nicht anmerken lassen. Heute machen mich allerdings einige Gedanken daraus sehr nachdenklich. Sie erzählen von den Engeln, die ganz unaufdringlich ins Weihnachtszimmer getreten sind – ‚unsichtbar jedes Menschen Blick sind sie gegangen wie gekommen, doch Gottes Segen blieb zurück.'

Diesen Segen wünsche ich Ihnen für die Nachweihnachtszeit und für den Übergang in das neue Jahr.

22. ‚Es gibt Werte, die einfach nicht zerteilbar sind.'

Das Gleichnis Jesu von den klugen und den törichten Jungfrauen

Matthäus 25, 1 – 13 (rev. Lutherübersetzung 1984)

Mit dem Reich Gottes verhält es sich wie folgt:

Zehn Jungfrauen gingen aus, den Bräutigam einzuholen.
Aber fünf von ihnen waren töricht und fünf waren klug.
Die törichten nahmen ihre Lampen, aber sie nahmen kein Öl mit.
Die klugen aber nahmen Öl mit in ihren Gefäßen, samt ihren Lampen.

Als nun der Bräutigam lange ausblieb, wurden sie alle schläfrig und schliefen ein.

Um Mitternacht aber erhob sich lautes Rufen: Siehe, der Bräutigam kommt! Geht hinaus, ihm entgegen!

Da standen diese Jungfrauen alle auf und machten ihre Lampen fertig.

Die törichten aber sprachen zu den klugen:
Gebt uns von eurem Öl, denn unsre Lampen verlöschen!

Da antworteten die klugen und sprachen: Nein, sonst würde es für uns und euch nicht genug sein, geht aber zum Kaufmann und kauft für euch selbst.

Und als sie hingingen zu kaufen, kam der Bräutigam; und die bereit waren, gingen mit ihm hinein zur Hochzeit, und die Tür wurde verschlossen.

Später kamen auch die anderen Jungfrauen und sprachen: Herr, Herr, tu uns auf!

Er antwortete aber und sprach: Wahrlich, ich sage euch: Ich kenne euch nicht. Darum wachet! Denn ihr wisst weder Tag noch Stunde.

Ein Pfarrer, den wir persönlich gut kannten und als exzellenten Prediger besonders schätzten, trat an einem Sonntagmorgen vor seine Gemeinde und sagte, es sei ihm unmöglich, über dieses Gleichnis zu predigen, weil es in seiner Arroganz und Lieblosigkeit die ganze christliche Botschaft auf den Kopf stelle. Das war ihm bei seiner Predigtvorbereitung klar geworden und hatte ihn sichtlich erschüttert. Seitdem beschäftigt mich dieses Gleichnis, und ich habe mich intensiv gefragt, ob man das nicht auch anders sehen kann. Was will uns Jesus wirklich damit sagen?

Der Heidelberger Prof. Klaus Berger sagt in seiner Auslegung, Jesu wolle seine Zuhörer bewusst provozieren. Das ganze Gleichnis sei eine Skandalgeschichte, und das Verhalten des Bräutigams gegenüber den jungen Damen sei unmöglich. Aber Skandale merkt man sich gut und erzählt sie gern weiter. – Also ein kluger Schachzug, durch den Jesus besonders viele Menschen erreicht.

Jedoch besteht da nicht leicht die Gefahr, dass der Skandal im Gedächtnis bleibt und die Botschaft verloren geht?

Die zentrale Botschaft aber ist:
Was bedeutet uns das Reich Gottes, das mit Jesu Wirken unter uns Menschen seinen Anfang nahm? Wie wichtig ist uns das?

Fest steht, dass Jesus die Botschaft von der nahenden Gottesherrschaft zu einem zentralen Thema seiner Verkündigung machte und dass diese Aussagen von einem geradezu unerbittlichen Ernst getragen sind.

Die Begriffe ‚Reich Gottes', ‚Himmelreich' oder ‚Herrschaft Gottes' stehen im Neuen Testament gleichwertig nebeneinander.

Wir wissen, dass es hier um kein Großreich im politischen Sinne geht, sondern um den Sieg über die Macht des Bösen mit allen Konsequenzen.

Jesus konnte bei seinen Zuhörern auf bekannte Vorstellungen aus dem Judentum zurückgreifen. Auch das Bild von der Hochzeit Gottes mit seinem Volk kommt bereits im Alten Testament vor.

Trotzdem konnten sich die Menschen praktisch nichts mehr darunter vorstellen. Die Verheißungen des Alten Testaments waren für sie nur noch ein leeres Gehäuse – Bestandteil ihrer Religion – ohne Erwartungen und ohne Leben. Die Parallelen zu unserer Zeit sind unverkennbar.

Viele hofften zwar noch auf ein Großreich Israel – doch in dieses Bild passte Jesus nicht. Jesus aber sah, wie innerlich leer die Menschen waren.

In diese Situation hinein erzählt er unser Gleichnis, und vor diesem Hintergrund ist es keine radikale Abrechnung, sondern ein Aufruf an seine Zuhörer, das Kommen des Reiches Gottes wieder ernst zu nehmen und ihre Sehnsucht danach wieder aufzuwecken in ihrem Herzen.

Die Hochzeitsgebräuche der damaligen Zeit waren allen vertraut. Wir müssen uns heute allerdings erst etwas in diese Zeit hineinfinden, um Missverständnisse zu vermeiden.

Das Wichtigste bei einer orientalischen Hochzeit war das Zusammenführen von Braut und Bräutigam, die sich dabei häufig zum ersten Mal sahen. Der Ehevertrag wurde oft erst kurz vorher ausgehandelt. Es konnte dabei durchaus zu Verzögerungen kommen.

Die jungen Mädchen, die ausgewählt wurden, um den Bräutigam zur Braut zu führen, waren gewöhnlich sehr stolz darauf. Sie waren durchweg erst 12 oder 13 Jahre alt, aber durchaus so erzogen, dass sie ihre Funktion ernst nahmen. Auch die Braut war damals nicht älter.

Die Hochzeitsfeiern begannen gewöhnlich abends, weil es dann nicht mehr so heiß war. Man war also auf Lampen angewiesen. Solche tragbaren Öllampen hatten etwa eine Brenndauer von 3 Stunden. Der Reserveölkrug gehörte eigentlich ganz selbstverständlich dazu, denn die Lampen sollten auch noch bei der Hochzeitsfeier selbst leuchten, und so war es schon sehr nachlässig, nicht daran zu denken. Jeder musste das sofort als töricht empfinden.
Wer sich so wenig auf das Fest vorbereitet, dem ist nicht zu helfen! Dass die Mädchen an dem vereinbarten Treffpunkt einschlafen, wird ihnen nicht zum Vorwurf gemacht. Schließlich wollten sie ja noch die ganze Nacht hindurch feiern. Die Freudenrufe, wenn der Bräutigam kommt, würden sie schon aufwecken!

So weit konnten die Zuhörer voll innerer Zustimmung mitgehen. Sie warteten sicher auch schon gespannt auf den Ausgang der Geschichte. Fünf Brautjungfern ohne Ölreserve und ein verspäteter Bräutigam – das konnte ja nicht gut gehen!

Doch dann diese überschießende Konfliktlösung! Dieses harte: „Ich kenne euch nicht.“!

Was Jesus hier bewirken will, wurde mir klar durch ein Buch des Aachener Theologen Prof. Georg Baudler „Jesus im Spiegel seiner Gleichnisse“.

Während viele Ausleger behaupten, dass die letzten Verse dieses Gleichnisses erst nachträglich angefügt wurden, zeigt Baudler, dass solche unerwarteten Schlussakkorde für

Jesus durchaus typisch sind. Etwa die Hälfte aller seiner Gleichnisse sind sog „Handlungsgleichnisse mit positivem oder negativem Handlungsüberschuss".

Ein typisches Gleichnis für einen positiven Handlungsüberschuss ist das Gleichnis vom verlorenen Sohn. Man konnte sich zwar vorstellen, dass der Vater seinen Sohn, der von seinen Irrwegen heimkehrt, nicht gerade davonjagen wird, aber die vorbehaltslose Liebe des Vaters geht dann doch weit über alle vernünftigen Erwartungen hinaus.

Oder nehmen wir das Gleichnis von den Arbeitern im Weinberg, die alle den vollen Lohn bekommen, egal ob sie den ganzen Tag geschuftet haben oder nur 1 Stunde. Hier werden alle Vorstellungen von sozialer Gerechtigkeit gesprengt – weil der Herr so gütig ist.

Die Zuhörer sind irritiert, aber auch nachdenklich, und sie spüren, dass Jesus so ganz anders ist als sie.

Das gilt auch für die Gleichnisse mit negativem - also schockierendem - Schlussakkord, zu denen die meisten Endzeitgleichnisse gehören.

Prof. Baudler zeigt, dass die Gleichnisse Jesu von einer ganz großen Erzählkunst geprägt sind, so dass sich die Zuhörer Schritt für Schritt voll in die Handlung mit hineinnehmen lassen. Sie erkennen deshalb am Schluss auch den Wahrheitsspiegel, den Jesus ihnen vorhalten will. Entweder sie schlagen ihm den Spiegel erbost aus der Hand, oder sie sind betroffen und bereit, sich verändern zu lassen – und das ist das Ziel! Darauf kommt es Jesus an.

Wir regen uns leicht darüber auf, dass den törichten Jungfrauen die Tür für immer verschlossen ist. Aber so weit soll es eben nicht kommen! Noch ist die Tür offen , und in sofern geht Jesus auch in diesem harten Gleichnis den Verlorenen nach.

Nun dürfen wir bei diesem Gleichnis allerdings nicht übersehen, dass im Mittelpunkt das Kommen des Bräutigams steht.

„Der Bräutigam kommt! Geht ihm entgegen!" – Das ist an erster Stelle ein Freudenruf und kein Schreckensruf!

Jetzt sind wir gefragt: Was bedeutet die Wiederkunft Jesu für uns?

Können wir uns darauf einstellen, als wenn ein guter Freund zu uns käme?

Wir hatten voriges Jahr zu Weihnachten ganz überraschend einen solchen guten Freund bei uns zu Gast – und das kam mir vor wie ein Gleichnis zu unserem Gleichnis:

Unser Freund Kaoru kam direkt aus Japan. Kennengelernt hatten wir uns vor vielen Jahren, als er mit seiner Familie in Düsseldorf lebte.

Daraus hat sich eine echte Freundschaft entwickelt, die uns sehr bereichert hat. Wir haben es deshalb sehr bedauert, als er mit seiner Familie zurück nach Japan musste. Vor seiner Abreise lagerte er noch seine ganzen Weinvorräte in unserem Keller ein in der Hoffnung, bald wiederzukommen.
Darüber sind 5 Jahre vergangen, in denen wir unsere Freundschaft mit Briefen aufrecht erhielten.
Mitte Dezember kam plötzlich ein Anruf aus Tokio:
„Ich könnte über Weihnachten bei euch sein, wenn ihr nichts anderes vorhabt, denn ich habe nach den Feiertagen beruflich in Wien zu tun."
Natürlich hatten wir nichts anderes vor, und wenn es so gewesen wäre, hätten wir unsere Pläne schnell geändert, denn die Freude über das unerwartete Wiedersehen war groß.

Warum tun wir uns oft so schwer, wenn es um die Wiederkunft Jesu geht? Wenn wir uns zu Weihnachten freuen können, dass Jesus in unsere Welt gekommen ist, dann kann es uns doch nicht gleichgültig sein, dass er einmal sichtbar wiederkommen wird. Wir können doch nicht singen: „Jesus ist kommen, Grund ewiger Freude ..." und dann einfach abbrechen.

Karl Barth sagt: „Christentum, das nicht ganz und gar und restlos die Endzeitlehre mit einbezieht, hat mit Christus ganz und gar und restlos nichts zu tun." –

Nun muss ich leider zugeben, dass ich durchaus mit einem Bein auf der Seite der törichten Jungfrauen stehe. Zumindest fällt es mir schwer, die Botschaft von Jesu Wiederkunft so nachzuvollziehen, wie sie mir traditionell übermittelt worden ist, und ich weiß, dass ich damit nicht allein stehe.

Was also macht uns besondere Schwierigkeiten?

Ich glaube, da ist zunächst die bilder- und symbolreiche Sprache der apokalyptischen Schriften des Alten und Neuen Testaments, durch die Spekulationen aller Art Tor und Tür geöffnet wird, – viel zu viel Spekulationen! Jedes Jahrhundert konnte darin seine eigene Endzeit wiedererkennen.
Viele Vorstellungen entsprechen heute einfach nicht mehr unserem Weltbild oder muten uns wie Sciencefiction-Romane an. Oder wir leben noch immer von Bildern, die Künstler der vergangenen Jahrhunderte vom Jüngsten Gericht entworfen haben – phantasiereiche, romantische Bilder, die uns heute aber fremd sind.

Ein weiteres Probleme sehe ich darin, dass in den Endzeitreden viel von strengem Gericht und relativ wenig von Gnade und Liebe die Rede ist, und es fällt uns schwer, zu verstehen, dass es ein Ende aller Gnadenzeit geben soll, – ein „Zu spät" .

Wie aber soll das Böse endgültig besiegt werden, wenn es nicht vorher eindeutig verurteilt wird? Wir alle wissen aus Erfahrung, wie wenig es bringt, Unrecht einfach unter den Teppich zu kehren.

Eine besondere Schwierigkeit besteht für uns heute schließlich darin, dass wir uns immer wieder mit Argumenten von Nichtchristen auseinandersetzen müssen, die uns zumindest stark verunsichern können.

Also verdrängen wir lieber den Endzeitgedanken statt uns darüber zu freuen, dass Gott unsere Welt zu einem Ziel führen wird, an dem alle Entfremdung von ihm endgültig aufgehoben sein wird.

Aber mit dieser Haltung bleiben wir in Halbheiten stecken und geben uns damit zufrieden, dass unser Docht noch glimmt.

Zunächst ist der Unterschied zu den klugen Jungfrauen, zu denen wir doch gern gehören möchten, kaum erkennbar:

- Beide wurden ausgewählt, dem Herrn entgegenzugehen und gehören damit zu seiner Gemeinde.
- Beide haben ähnliche Probleme und werden über dem langen Warten müde.
- Beide haben Lampen, die nur für eine begrenzte Zeit brennen.

Worin liegt der Unterschied?

Es ist ohne Frage der Ölvorrat, den die klugen Jungfrauen bei sich tragen. Doch warum sind sie nicht bereit zu teilen?

Wieso kann Jesus plötzlich eine solche Lieblosigkeit gutheißen – ganz im Gegensatz zu seiner Bergpredigt? Hätte das Öl nicht doch für alle reichen können?

Ich glaube, wir geraten hier mit unseren Gedanken leicht in eine Sackgasse. Wir sind so daran gewöhnt, dass Teilen zum Christsein gehört, dass uns das „Nein“ der klugen Jungfrauen schockiert.

Aber es gibt Werte, die einfach nicht zerteilbar sind, sonst verlieren sie ihren Wert.

Wir sollten an dieser Stelle einmal darüber nachdenken, welche Werte wir nicht aufgeben und nicht halbieren dürfen, weil sonst unser Glaube lau und kraftlos wird. Gerade in unserer Zeit versucht die christliche Kirche immer wieder, Kompromisse zu schließen, um Menschen zu erreichen, die ihr fern stehen. Das Ziel ist zwar gut, aber es werden dabei oft auch zentrale Glaubenswahrheiten infrage gestellt und aufgegeben, weil man sie nicht mehr für zumutbar hält.

Das ist letztlich nichts anderes, als wenn wir die Hälfte unseres Öls weggeben. Doch damit verlieren wir unser Profil und unsere Glaubwürdigkeit.

Ja, man ist sogar häufig bereit, anderen Religionen und Weltanschauungen so weit entgegenzukommen, dass man nicht mehr an der Einzigartigkeit Jesu festhält. Hier ist das „Nein" der klugen Jungfrauen die einzig richtige Antwort.

Denn sonst würde das bedeuten, dass wir unser kostbares Öl verschenken und den Rest mit Wasser verdünnen. Aber damit ist niemandem geholfen – das Licht geht aus.

Um auch in Glaubenskrisen standhaft zu bleiben, ist jeder Tropfen Öl wichtig.

Auch in der Offenbarung des Johannes heißt es:
„Halte, was du hast, dass niemand deine Krone nehme." –

Zu den Werten, die nicht zur Disposition stehen, gehört schließlich auch der Glaube an die Vollendung der Welt, die **nicht wir, sondern Gott selbst** herbeiführen wird, wenn Jesus wiederkommt. Dabei kommt es nicht auf das Wie und Wann an. Der letzte Satz aus unserem Gleichnis gilt auch heute noch: *„Ihr wisset weder Tag noch Stunde."*

In der Zwischenzeit dürfen wir uns ruhig von Bildern lösen, die wir nicht verstehen, denn sie alle versuchen, mit irdischen Begriffen Dinge zur Sprache zu bringen, die über unsere irdische Erkenntnisfähigkeit hinausgehen. Festhalten aber dürfen wir an dem Glauben, dass wir einmal dankbar erkennen werden, dass Gottes Wille und seine unendliche Liebe nicht im Widerspruch stehen, und dass er schon heute unser unsichtbarer Begleiter ist.

Die klugen Jungfrauen haben ihre Ölquelle übrigens nicht für sich behalten. Sie haben die törichten Jungfrauen an den Kaufmann verwiesen, von dem sie selbst ihr Öl bekommen haben. Er ließ sich sogar mitten in der Nacht stören – doch leider heißt es in unserem Gleichnis „zu spät".

Dass es bereits vor Ende des Lebens ein „Zu spät" geben kann, ist mir bei einem Seminar über den Umgang mit verwirrten, alten Menschen so richtig bewusst geworden. Die Leitung hatte eine der berühmtesten Altersspezialistinnen unserer Zeit: Frau Naomi Feil.

Sie zeigte uns an vielen erschütternden Beispielen, dass der Mensch grundsätzlich das Bedürfnis hat, in Würde zu sterben und Dinge, die im Leben falsch gelaufen sind, vorher in Ordnung zu bringen. Doch leider werden diese Dinge oft so lange verdrängt, bis sie im hohen Alter mit Macht zurückkommen.

Wenn dann das Gehirn nicht mehr voll funktionsfähig ist, wenn Zeit und Ort durcheinander gebracht werden, dann ist es den betroffenen Menschen oft nicht mehr möglich, sich verständlich zu machen. Sie leiden oft furchtbar darunter und kämpfen mitunter verzweifelt darum, oft voller Aggressivität.

Aber sie spüren, dass es ihnen nicht mehr gelingt – dass sie nicht mehr verstanden werden können – und so ziehen sie sich schließlich völlig in sich selbst zurück. Das Endstadium ist ein tragisches Dahinvegetieren.

Nur selten gelingt es sehr einfühlungsbereiten Menschen, sie so zu begleiten, dass sich ihr Zustand noch einmal etwas bessert.

Frau Feil richtete an uns alle den dringenden Appell, unser Leben rechtzeitig in Ordnung zu bringen, so lange die geistigen Kräfte noch vorhanden sind, denn danach wird es qualvoll.

Sie sagte das ganz neutral; denn es handelte sich ja um keine speziell christliche Veranstaltung. Aber es ging uns allen unter die Haut. –

Wir können keine bessere Vorsorge für unsere Zukunft treffen, als in der Gegenwart in der Nachfolge Jesu zu leben

mit allem Ernst, aber ohne Verkrampfung,
und mit Besonnenheit und Konsequenz,
so wie wir es bei den klugen Jungfrauen erleben.

Dazu gehört dann auch ganz selbstverständlich, dass wir bereit sind, einander zu helfen und miteinander zu teilen, so wie es uns Jesus selbst vorgelebt hat.

In einem alten Kirchenlied heißt es: „... denn der ist zum Sterben fertig, der sich lebend zu dir hält.“

Mehr verlangt Jesus nicht von uns.

Wenn wir das beherzigen, können wir seinem Kommen mit Gelassenheit und Freude entgegensehen.

23. Ein besonders sperriges Gleichnis – neu beleuchtet

Predigt über das Gleichnis vom „ungetreuen" Verwalter

Lukas 16, 1 – 8 (Einheitsübersetzung)

Jesus sagte zu den Jüngern:
Ein reicher Mann hatte einen Verwalter.
Diesen beschuldigte man bei ihm, er verschleudere sein Vermögen.

Darauf ließ er ihn rufen und sagte zu ihm:
Was höre ich über dich? Leg Rechenschaft ab über
deine Verwaltung! Du kannst nicht länger mein Verwalter sein.

Da überlegte der Verwalter: Mein Herr entzieht mir die Verwaltung:
Was soll ich jetzt tun? Zu schwerer Arbeit tauge ich nicht,
und zu betteln schäme ich mich.

Doch – ich weiß, was ich tun muss,
damit mich die Leute in ihre Häuser aufnehmen,
wenn ich als Verwalter abgesetzt bin.

Und er ließ die Schuldner seines Herrn, einen nach dem
anderen zu sich kommen und fragte den ersten:
Wie viel bist du meinem Herrn schuldig?

Er antwortete: Hundert Fass Öl. Da sagte er zu ihm:
Nimm deinen Schuldschein, setz dich gleich hin und schreib „fünfzig".

Danach fragte er einen anderen: Wie viel bist du schuldig?
Der antwortete: Hundert Sack Weizen.
Da sagte er zu ihm: Nimm deinen Schuldschein und schreib „achtzig".

Und der Herr lobte die Klugheit des unehrlichen Verwalters
und sagte: Die Kinder dieser Welt sind im Umgang
mit ihresgleichen klüger als die Kinder des Lichtes.

Wahrscheinlich wäre ich nie auf die Idee gekommen, über dieses Gleichnis zu predigen, wenn mich mein Sohn nicht vor kurzem regelrecht dazu herausgefordert hätte. „Das ist ein Text, über den ich nie predigen würde“, sagte er zu mir, „denn ich kann mir einfach nicht vorstellen, dass Jesus hier einen Betrug gutheißt, und darauf läuft es doch schließlich hinaus!“ –

Das hat mich sehr nachdenklich gemacht, denn auch ich bin überzeugt, dass Jesus seine Jünger nicht zu betrügerischen Handlungen anstiften wollte, nicht einmal zum Schein, und so frage ich mich: Was will Jesus mit diesem sperrigen Gleichnis wirklich sagen?

Diese Frage haben sich offensichtlich Theologen zu allen Zeiten gestellt, denn es gibt eine ganze Auslegungsgeschichte zu diesem Gleichnis mit dem Titel: „Das Rätsel der Parabel vom ungerechten Verwalter, – Lösungsversuche von den Vätern bis zur Gegenwart.“

Ich habe mich mit einigen dieser Lösungsversuche etwas ausführlicher beschäftigt und bin dabei auf Auslegungen gestoßen, die unterschiedlicher und gegensätzlicher kaum sein können. Die Spannweite ist so groß, dass ich heute mit gutem Gewissen diesen vielseitigen Auslegungen noch eine weitere Variante hinzufügen möchte.

Vor einiger Zeit habe ich in den Nachrichten einen neuen Begriff gelernt, der mir imponiert hat, weil er zu dem Verwalter in unserem Gleichnis zu passen scheint: **‚kreative Buchführung’.**

Der Begriff fiel einmal im Zusammenhang mit der Frage, ob Deutschland in der Lage sein würde, die Kriterien für die Einführung der Euro-Währung rechtzeitig zu erfüllen, und der Kommentator erklärte, dass es sich hier nicht um Manipulation im eigentlichen Sinne handelt, sondern um einen sehr freien Umgang mit Fakten, um ein gewünschtes Ziel zu erreichen.

Dieses Ziel sieht bei unserem Verwalter allerdings zunächst sehr egoistisch aus. Was wie eine großzügige Geste wirkt, ist reiner Selbstzweck. Die Schuldner seines Herrn werden benutzt, um dem Verwalter aus seiner Verlegenheit zu helfen, und er strahlt dabei eine solche Entschlossenheit aus, dass niemand daran zweifelt, dass alles seine Richtigkeit hat.

Mit einer solchen rigorosen Haltung kann man auch heute noch bis in die höchsten Ämter aufsteigen. Jesus spricht hier von der Klugheit der Kinder dieser Welt.

Demgegenüber wirken wir, die wir gern zu den „Kindern des Lichtes“ gehören wollen, oft regelrecht zaghaft und oft geradezu krampfhaft bemüht, korrekt zu sein.

Aber es gibt in unserer bürokratischen Welt eine Form der Korrektheit, die ausgesprochen lieblos ist,
– mit der wir immer auf der sicheren Seite sind,
– mit der uns niemand etwas Negatives nachsagen kann,
außer dass mitunter ein Stück Menschlichkeit auf der Strecke bleibt. Das allerdings ist ein harter Vorwurf für Christen.

Es lohnt sich, darüber nachzudenken, ob wir dieselbe Entschlossenheit, die der Verwalter für seinen eigenen Vorteil nutzt, nicht viel stärker uneigennützig für andere einsetzen sollten, auch auf die Gefahr hin, dass wir uns mitunter dabei auf eine echte Gratwanderung begeben.

Mir fallen aus meinem eigenen Berufsleben viele Situationen ein, in denen es menschlicher gewesen wäre, zu jemandem zu sagen: „Setz dich gleich hin und ändere dies oder jenes nachträglich ab ...“.

Ich denke dabei an eine Krankenpflegeschülerin, die in ihrer schriftlichen Prüfung die erforderliche Punktzahl nur knapp verfehlte, weil sie an diesem Tag in einer besonders schlechten Verfassung war; denn sie hatte ihre Mutter in der Nacht mit einem schweren Herzinfarkt ins Krankenhaus bringen müssen. Es wäre eine Kleinigkeit gewesen zu sagen: „Setz dich gleich hin und verbessere deine Arbeit.“

Aber so etwas Unkorrektes tut man natürlich nicht; und damit verlor sie ein ganzes Jahr ihrer Ausbildung.

Eine Medizinaldirektorin, die oft zum staatlichen Abschlussexamen in unsere Krankenpflegeschule kam, sagte uns einmal im Vertrauen, wie gern sie dazu beitragen würde, dass jede Krankenpflegeschülerin eine wirklich gerechte Abschlussnote bekäme, unabhängig von der Tagesform, und sie bedauerte, dass die jungen Unterrichtsschwestern nicht fähig waren, da mitzuziehen. Seit sie sich dadurch einmal eine Dienstaufsichtsbeschwerde eingehandelt hatte, war sie sehr vorsichtig geworden. Wir schätzten sie als eine sehr beherzte Frau, die wusste, was es heißt, ab und zu tun zu können, und das war ausgesprochen wohltuend.

Es gibt Menschen, mit denen man es wagen kann, auf Gratwanderungen zu gehen, aber dazu gehört viel gegenseitiges Vertrauen.

Oder ein kleines Beispiel aus meiner Tätigkeit als Pflegedienstleiterin: Eine Krankenschwester opferte einen Urlaubstag nach dem anderen, um ihren krebskranken Lebensgefährten in regelmäßigen Abständen zur Strahlentherapie zu begleiten. Da kamen ihre Kolleginnen auf eine ausgefallene Idee: Sie baten mich, alle

Überstunden, die sich bei ihnen angesammelt hatten, auf diese Kollegin zu übertragen, damit sie zeitlich wieder etwas mehr Luft bekäme. Offiziell geht so etwas natürlich nicht, und unser Verwaltungsleiter hätte sicher verständnislos reagiert. Aber inoffiziell ist manches möglich, allerdings unter Umgehung der Dienstpläne. Hier ist „kreative Buchführung“ angesagt. Solange sich alle einig sind, ist das kein Problem. Aber leider weiß man als Vorgesetzte(r) nie, wie lange diese Solidarität tatsächlich anhält, und so gehört schon etwas Mut dazu, sich darauf einzulassen. Nicht immer ernten wir Dank dafür. Im schlimmsten Falle riskieren wir, dass unser beruflicher Aufstieg jäh zu Ende ist. Jesus selbst hat sich nicht gescheut, Gratwanderungen auf sich zu nehmen bis hin zu seinem bitteren Tod am Kreuz. Ja, er hat schonungslos Menschlichkeit über Gesetze und Vorschriften gestellt.

In diesem Zusammenhang möchte ich Ihnen gern noch eine ganz ungewöhnliche Auslegung zu diesem Gleichnis vorstellen, die ich in dem Buch „Jesus im Spiegel seiner Gleichnisse“ von Prof. Georg Baudler fand.
Baudler stellt die These auf: **Jesus selbst ist dieser Verwalter.**

Vielleicht sind Sie jetzt genauso verblüfft, wie ich es zunächst war. Ist das nicht zu sehr an den Haaren herbeigezogen? Stellt das nicht alle klassischen Auslegungen auf den Kopf?

Meine anfängliche Abwehr legte sich, nachdem ich mir dieses Gleichnis etwas genauer im Textzusammenhang angesehen habe. Jesus erzählt es seinen Jüngern im Anschluss an seine großen Gleichnisse vom Verlorenen: vom verlorenen Schaf, vom verlorenen Groschen und vom verlorenen Sohn. In diesen Gleichnissen versucht er, seinen Gegnern in immer wieder neuen Bildern klarzumachen, wie dringend gerade die Verlorenen die Botschaft von Gottes Liebe brauchen, und dass ihnen deshalb seine Zuwendung in besonderer Weise gilt. Er reagiert damit auf die Empörung der Pharisäer und Schriftgelehrten, weil er Zöllner und Sünder unter seinen Zuhörern duldet, ja sogar mit ihnen isst und ihnen die Vergebung ihrer Sünden zuspricht. Das war in ihren Augen Verrat an ihrer Religion.
Diese Gleichnisse überzeugten sie nicht, im Gegenteil: sie lieferten ihnen neuen Zündstoff: Wie kann der barmherzige Vater seinen verlorenen Sohn in die Arme schließen und ein Freudenfest feiern, wo der doch sein Vermögen in schlechter Gesellschaft durchgebracht hat!

„Wie kannst du Zöllner und Sünder uns gleichstellen, die wir im Gegensatz zu ihnen immer den Geboten Gottes treu geblieben sind!“

Wie ein roter Faden ziehen sich solche Vorwürfe durch das ganze Evangelium:

– Wie kannst Du es wagen, am Sabbat Kranke zu heilen!
– Wie kannst Du nur unsere Reinheitsvorschriften missachten!
– Wie kannst Du Dir anmaßen, Sünden zu vergeben ohne den Umweg über Priestertum und Gesetz!
– Wie kannst Du unsere Gesetze in einer Großzügigkeit auslegen, die an Gotteslästerung grenzt!

Das ist der Ausverkauf aller heiligen Werte, die uns in den vergangenen Jahrhunderten unter der Fremdherrschaft als Volk Gottes zusammengehalten haben! –

Und Jesus nimmt diese Vorwürfe ernst. Ja, er muss sie ernst nehmen, denn sie bedeuten den sicheren Tod und damit das Ende seines Wirkens.

Ich kann mir gut vorstellen, dass er nach einem anstrengenden Tag abends im engen Kreis seiner Jünger enttäuscht sagt: „Ich komme mir vor wie ein Haushalter, den man bei seinem Herrn beschuldigt, er verschleudere seine Güter.“ –

Und so wird dieses Gleichnis zu seiner persönlichen Auseinandersetzung mit diesen Vorwürfen. Dabei ist die Frage zweitrangig, ob diese Anschuldigungen zu recht oder zu unrecht bestehen. Sie werden vorgebracht, um ihm zu schaden und um sein Wirken in ein schlechtes Licht zu rücken, um ihn zu „verteufeln“, wie es in unserem Gleichnis im Urtext heißt.

Solche Unterstellungen sind sehr verletzend, und ich bin sicher, dass auch Jesus sie nicht einfach so weggesteckt hat, sondern sich an dieser Stelle ernsthaft die Frage gestellt hat: „Wie soll es weitergehen?“
Noch könnte er seinen bisherigen Weg abbrechen und ins Privatleben als Handwerker zurückkehren, auch wenn das für ihn sehr beschämend wäre.
Aber was nehmen Menschen nicht alles in Kauf, um ihr Leben zu retten!

Oder er könnte weiter wandern und seine Botschaft so vorsichtig und verwässert anbringen, dass niemand mehr daran Anstoß nimmt.

Eigentlich für uns ein unvorstellbarer Gedanke, denn damit würde er wirklich zum untreuen Verwalter, der sein anvertrautes Pfund ängstlich in der Erde vergräbt, statt es im Namen Gottes hinaus auf die Straßen und Plätze dieser Welt zu tragen.

Es gibt nur eine richtige Entscheidung, die zu Jesus passt, und die legt er dem beschuldigten Verwalter in den Mund: „Ich weiß, was ich tun muss – weitermachen! Den begonnenen Weg sogar noch konsequenter und entschiedener zu Ende gehen!

Auch wenn mein Verhalten in euren Augen Veruntreuung ist, so muss ich dennoch daran festhalten!“

Großzügig und eigenmächtig erlässt der Haushalter im Gleichnis den Schuldnern seines Herrn einen Großteil ihrer Schulden und sichert sich dadurch eine erträgliche Zukunft, wenn seine Verwaltertätigkeit zu Ende geht.

Und Jesus? Er befreit weiterhin Menschen von ihrer drückenden Schuld vor Gott und das nicht nur teilweise sondern hundertprozentig. Und er wendet sich weiter den Mühseligen und Beladenen zu, heilt sie von ihren Krankheiten, tröstet sie und richtet die Gebeugten auf. Und er setzt seine Hoffnung auf die Menschen, die seine Botschaft erreicht hat und die dadurch Gottes Willen für sich erkannt haben. Sie sind seine Schwestern und Brüder – sein „Zu Hause“. Sie werden seine Botschaft weitertragen, weit über seine eigene irdische Wirksamkeit hinaus. Dem Hass seiner Gegner setzt Jesus die Liebe zu den Verlorenen entgegen. –

Wenn wir unser Gleichnis aus dieser Sicht betrachten, verliert es in meinen Augen viel von seiner Sperrigkeit. Ja, es gibt mir die Möglichkeit, mich mit dem „ungetreuen“ Haushalter zu identifizieren, ohne dass ich dabei ein schlechtes Gewissen haben muss. Und das wirkt befreiend, denn wir werden immer wieder in solche typischen Situationen wie dieser Verwalter geraten.

Als „Verwalter“ sind wir von vornherein in keiner leichten Position. Einerseits haben wir viel Verantwortung, an die sich Erwartungen von oben und unten knüpfen, andererseits ist unsere Handlungsfreiheit begrenzt, und so kommt es zwangsläufig immer wieder zu Grenzüberschreitungen, durch die wir uns Schwierigkeiten einhandeln können, und wenn uns jemand bewusst schaden will, ist es manchmal fast unmöglich, sich so zu rechtfertigen, dass nicht doch etwas Negatives hängenbleibt. So ging es dem Verwalter in unserem Gleichnis und schließlich auch Jesus selbst. Wenn wir das bedenken, sehen wir unsere persönlichen Alltagsprobleme vielleicht in einem neuen Licht. Sie werden für uns kleiner und überschaubarer, wenn auch nicht weniger.

Immer wieder müssen wir bürokratische Hürden überwinden. Viele Vorschriften sind zwar in unserem heutigen Arbeitsleben ein echter Fortschritt, aber es kommt immer darauf an, wie wir sie mit Leben füllen.

Immer wieder kommen wir in Situationen, in denen wir am liebsten sagen möchten: „Setz dich flugs hin und ändere etwas zu deinen Gunsten ab ...“ – und wenn es nur ein Datum ist, das wir um einige Tage zurückdatieren, damit jemand noch nachträglich zu seinem Recht kommt. Ich habe vor einigen Tagen gerade erst eine solche Situation erlebt.

Immer wieder müssen wir dagegen ankämpfen, dass Hilfsbereitschaft aus formalen Gründen unterbleibt.

Immer wieder riskieren wir, dass man uns – wie diesen Verwalter – als ungerecht bezeichnet, weil viele persönliche Notsituationen, die uns zum Eingreifen zwingen, absolut vertraulich behandelt werden müssen.

Immer wieder ist unsere Großzügigkeit gefragt, und das oft gerade dann, wenn wir uns vorgenommen haben, in Zukunft strenger zu werden und weniger Ausnahmen zu gestatten. Und ich wünschte, ich könnte immer so klar und entschieden wie der Verwalter in unserem Gleichnis sagen: „Ich weiß, was ich tun muss.“
Es gibt für mich so viele Dinge, die ich nicht durchschaue, und Verhaltensweisen, deren Hintergründe ich nicht kenne, so dass ich mich an die Lösung eines Problems oft nur herantasten kann anstatt sie von vornherein mit Überzeugung zu vertreten. Es gibt allerdings genauso viele Situationen, in denen wir genau wissen, was zu tun ist, doch es fehlt uns der Mut, konsequent zu handeln. Hierin kann uns der sog. „ungetreue“ Verwalter sogar ein Vorbild sein. –

Es ist durchaus möglich, dass Jesus dieses Gleichnis seinen Jüngern damals ganz anders ausgelegt hat. Aber es ist ganz gewiss in seinem Sinne, wenn wir uns durch dieses Gleichnis heute sagen lassen, dass Mitmenschlichkeit nicht bei unseren sog. Kompetenzen und unserer offiziellen Zuständigkeit und auch nicht bei irgendwelchen Vorschriften endet.

Jesus schenkt uns reichlich aus dem Vermögen seines Vaters. Aus der Sicht der religiösen Führungselite seines Volkes hatte er dazu kein Mandat, sondern hat sich einfach dazwischen gedrängt. Seine Vollmacht wurde ihm von einer höheren Autorität gegeben.

Dieser höheren Autorität sind auch wir an erster Stelle verpflichtet, wenn wir uns für andere einsetzen. Dass es dabei immer wieder zu Konflikten kommt, ist leider unumgänglich. Das gilt nicht nur im Berufsleben, sondern auch für unser Miteinander in unseren Gemeinden und letztlich überall, wo wir uns ernsthaft engagieren.

Gute Haushalterschaft – das heißt, dass wir von den Gaben, die uns Gott anvertraut hat, großzügig Gebrauch machen. Dann dürfen wir auch darauf vertrauen, dass uns Jesus auch auf unseren. Gratwanderungen nicht allein lässt.

24. Von der Vergebung
– das Gleichnis vom „Schalksknecht"

Predigttext:

Matthäus 18, 21 – 35 (rev. Lutherübersetzung 1984)

Da trat Petrus zu Jesus und fragte: „Herr, wie oft muss ich meinem Bruder, der an mir sündigt, vergeben? Genügt es siebenmal?

Jesus sprach zu ihm: „Ich sage dir, nicht siebenmal, sondern siebzigmal siebenmal. Und Jesus erzählte ihnen ein Gleichnis:

Darum gleicht das Himmelreich einem König, der mit seinen Knechten abrechnen wollte. Und als er anfing abzurechnen, wurde einer vor ihn gebracht, der war ihm10 000 Zentner Silber schuldig. Da er's nun nicht bezahlen konnte, befahl der Herr; ihn und seine Frau und seine Kinder und alles, was er hatte, zu verkaufen und damit zu bezahlen.

Da fiel ihm der Knecht zu Füßen und flehte ihn an und sprach: „Hab Geduld mit mir, ich will dir alles bezahlen."

Da hatte der Herr Erbarmen mit diesem Knecht, und ließ ihn frei, und die Schuld erließ er ihm auch.

Da ging dieser Knecht hinaus und traf einen seiner Mitknechte, der war ihm 100 Silbergroschen schuldig. Er packte ihn, würgte ihn und sprach:
„Bezahle, was du mir schuldig bist!"
Da fiel sein Mitknecht nieder und bat ihn und sprach: „Hab Geduld mit mir, ich will dir's bezahlen."

Er wollte aber nicht, sondern ging hin und warf ihn ins Gefängnis bis er bezahlt hätte, was er ihm schuldig war.

Als aber seine Mitknechte das sahen, waren sie sehr bestürzt und kamen und brachten bei ihrem Herrn alles vor, was sich begeben hatte.

Da forderte ihn sein Herr vor sich und sprach zu ihm: „Du böser Knecht!
Deine ganze Schuld habe ich dir erlassen, weil du mich gebeten hast.

Hättest du dich da nicht auch erbarmen sollen über deinen Mitknecht,
wie ich mich über dich erbarmt habe?"

Und sein Herr wurde zornig und überantwortete ihn den Peinigern, bis er alles bezahlt hätte, was er ihm schuldig war.

So wird auch mein himmlischer Vater an euch tun, wenn ihr einander nicht von Herzen vergebt, ein jeder seinem Bruder.

Das Verhalten dieses sogenannten „Schalksknechts“ in unserem Gleichnis ist einfach skandalös, so dass seine Mitknechte mit Recht empört sind.

Auch in unserem modernen weltlichen Berufsleben würde das Konsequenzen haben und nicht nur als Privatsache angesehen, weil ein solches brutales Vorgehen einfach auf einen schlechten Charakter schließen lässt: Gerade noch einmal davongekommen geht er seinem Mitknecht – die „Gute Nachricht“ übersetzt hier „seinem Kollegen“ – an die Kehle, würgt ihn und bringt ihn schließlich ins Gefängnis wegen einer Schuld, die millionenfach geringer ist als seine eigene. Der Ausdruck „böse“, den Jesus hier gebraucht, und den wir nur selten auf unsere Mitmenschen anwenden, ist hier durchaus angebracht.

Doch damit distanzieren wir uns zugleich von einem solchen Verhalten. Ja, es ist für uns persönlich eigentlich so unvorstellbar, dass wir uns von diesem Gleichnis wahrscheinlich zunächst einmal gar nicht angesprochen fühlen. Wir wissen zwar alle, wie hartherzig Menschen miteinander umgehen können, und vielleicht haben Sie ja auch schon einmal das Gefühl gehabt, dass Ihnen jemand die Luft zum Atmen nimmt.

Was in unserem Gleichnis so erschreckend ist, ist die Tatsache, dass der Schalksknecht seinem Mitmenschen rücksichtslos genau das antut, wovor er gerade bewahrt geblieben ist, und dabei hätte er ja wirklich wissen müssen, wie einem in einer solchen Situation zumute ist.

Es wird auch in unserer Zeit mitunter von Gefangenen berichtet, denen man eine Sonderstellung als Mitaufseher einräumte, dass ausgerechnet sie hingingen und ihre Mitgefangenen am meisten schikanierten. Doch das sind Extremfälle, die für uns weit weg liegen.
Aber bleiben wir einmal in unserem Alltag.
Ich denke dabei an eigene berufliche Erfahrungen, zu denen Ihnen sicher Parallelen einfallen:

Ich habe während meiner Tätigkeit als Unterrichtsschwester an einer Krankenpflegeschule immer wieder erlebt, dass unsere Schülerinnen zu mir kamen und sich bitter über die examinierten Schwestern beklagten, dass sie den Schülerinnen alle besonders unangenehmen Arbeiten überließen und wenig Verständnis für ihre Fragen hätten. Es waren immer ähnliche Probleme, und ich konnte den Schülerinnen nur dringend raten: „Vergessen Sie diese negativen Erfahrungen nicht, und verhalten Sie sich selbst anders, wenn Sie später an verantwortlicher Stelle stehen. Nur so kann sich etwas ändern.“

Doch kaum hatten sie Examen, so beklagte sich die nächste Schülerinnengeneration genauso über sie. Wir suchten dann das Gespräch mit unseren „Ehemaligen". Manchmal waren sie dann selbst erschrocken und bereit, ihre Einstellung zu überprüfen. Oft genug aber waren sie der Meinung, sie seien froh, endlich keine Schülerinnen mehr zu sein. Warum sollten ausgerechnet sie keine Vorteile davon haben!

Als ich später als Pflegedienstleiterin Personalverantwortung hatte, kamen häufig Mitarbeiter/innen mit familiären Problemen und Sorgen zu mir und baten um irgendwelche Ausnahmeregelungen, um ihre Situation besser in den Griff zu bekommen. Meistens konnte ich ihnen helfen. Aber ich war immer wieder erschrocken, wenn dieselben Mitarbeiter/innen, die so viel Verständnis für sich in Anspruch genommen haben, nach einiger Zeit zu mir kamen und meinten, ich sei grundsätzlich zu großzügig. Nur ihre eigene Situation sei ein wirklicher Ernstfall gewesen. Besonders ausgeprägt bekam ich das zu hören, wenn sie selbst einmal für eine Kollegin einspringen sollten.

Die Wurzeln solcher Verhaltensweisen sind genauso egoistisch wie bei unserem Schalksknecht. Warum wählt Jesus ein so bewusst überzogenes Beispiel?

– Weil es in diesem Gleichnis nicht nur um unsere Lieblosigkeit geht, sondern weil er uns überdeutlich vor Augen stellen will, was es heißt. „… und vergib uns unsere Schuld wie wir vergeben unseren Schuldigern."

Vorausgegangen war diesem Gleichnis die Frage des Petrus: „Wie oft muss ich meinem Bruder vergeben? Reicht siebenmal?"

Nun bestanden zwischen Petrus und seinem Bruder Andreas, die beide zu Jesu Jüngern gehörten, sicher keine besonderen Spannungen. Aber der Begriff „Bruder" ist hier auch nicht verwandtschaftlich gemeint. Er bezieht alle Menschen, die uns nahe stehen, ein.

Petrus knüpft hier an ein Gespräch an, das einige Verse vor unserem Text festgehalten ist und das damit beginnt, dass Jesus sagt: „Sündigt aber dein Bruder an dir, so gehe hin und weise ihn zurecht. Hört er auf dich, so hast du deinen Bruder gewonnen."

„Nicht nur siebenmal sondern siebzigmal siebenmal sollst du deinem Bruder vergeben", antwortet Jesus. Das heißt praktisch: Die Bereitschaft zu vergeben, darf keine Grenzen haben.

Ich glaube, dass wir durchweg bereit sind zu vergeben, wenn uns jemand darum bittet, und wenn uns jemand verletzt hat und das einsieht und um Entschuldigung bittet, nehmen wir diese Entschuldigung in den meisten Fällen sogar erleichtert an, weil uns das gestörte Verhältnis längst bedrückt hat.

Aber wie selten ist eine solche Bitte um Vergebung, obwohl sie vieles in unserem Zusammenleben leichter machen würde! Wie windet man sich darum, zu sagen „es tut mir leid"! Welche Sorge hat man, sein Gesicht zu verlieren! Wir sind oft voller Selbstentschuldigungen: Es waren schwierige oder tragische Umstände, Missverständnisse, Fehlinterpretationen, falsche Unterstellungen … Kurz: Schuld haben zunächst immer die anderen.

Wie verhalten wir uns, wenn unser Bruder (unsere Schwester) in unseren Augen zwar schuldig ist, aber von Reue weit entfernt – egal, ob im täglichen Umgang miteinander oder ob eine große Schuld das Verhältnis belastet?

Spielen wir einmal drei verschiedene Möglichkeiten gedanklich durch:

1. Wir halten uns an Jesu Regel und versuchen, dem Schuldigen ins Gewissen zu reden.

Aus persönlicher Erfahrung weiß ich, dass wir uns dabei leicht ins eigene Fleisch schneiden können. Wir wissen gar nicht wie uns geschieht:
Plötzlich sind wir es, die sich angeblich überheblich verhalten
– besser sein wollen als andere,
– sich über den armen Bruder zum Richter aufspielen,
– ja, am Ende wirft man uns „unchristliches Verhalten" vor.

Solche Erfahrungen können wehtun. Aber müssen wir deshalb resignieren?

Mir fällt dabei wieder eine berufliche Episode ein:

Wir hatten in unserer Klinik eine harte Auseinandersetzung mit einer Stationsschwester, der wir im kleinen Kreis klar machen wollten, dass sie sich für ein gravierendes Fehlverhalten zu entschuldigen habe. Sie empfand das als absolute Zumutung. Noch nie in ihrem Leben habe sie sich eine solche Blöße gegeben. Entschuldigung bedeutete für sie, Schwäche zeigen, und sie verbat sich energisch unsere „neunmal-klugen, psychologisch-pädagogischen Belehrungen". Doch einige Tage später ging sie tatsächlich zu ihren betroffenen Kolleginnen und entschuldigte sich. Danach fuhr sie sehr erleichtert in Urlaub und kam mit fröhlichem Gesicht zurück.

Kommen wir zu Möglichkeit Nr. 2:

Wir haben es mit einem Bruder zu tun, der voller Ausreden steckt. Ob es nur billige Ausreden sind, ist schwer zu sagen. Wir nehmen seine Ausreden ernst, kommen ihm entgegen und reichen ihm die Hand, und vielleicht kommen wir uns dabei sogar sehr großzügig vor. Aber verändern wird sich hier nichts! Nach anfänglicher Erleichterung bleibt alles beim Alten. Mit diesem Weg haben wir es uns selbst und unserem Bruder zu einfach gemacht.

3. Möglichkeit:

Wir erahnen, dass der andere eigentlich gern einen neuen Anfang machen möchte, auch wenn es dafür nur verschwommene Hinweise gibt – und das ist wohl die häufigste Situation, mit der wir heute konfrontiert werden.

Jetzt wird das weitere Vorgehen wahrscheinlich überwiegend von unserem Gefühl diktiert, und von unseren Erfahrungen geprägt werden. Es gehört etwas Mut dazu; denn wir möchten dem anderen nicht zu nahe treten. Ein falsches Wort – und die Tür zur Versöhnung ist für lange Zeit wieder zugeschlagen!

Doch dieses Risiko müssen wir eingehen, und das Gebet vor solchen Gesprächen kann uns dabei helfen, denn wenn jetzt Versöhnung gelingt, ist die Freude auf beiden Seiten groß. Aber auch wenn nur einige Voraussetzungen geschaffen werden, auf denen neues Vertrauen wachsen kann, ist schon viel erreicht.

Wir dürfen allerdings nicht vergessen, dass wir selbst auch immer wieder auf Vergebung angewiesen sind. Was uns als Christen immer wieder zusammenführen kann, ist die Abhängigkeit von Jesus und nicht von mehr oder weniger glücklichen Umständen. Im Gegensatz zu allen anderen Abhängigkeiten macht uns die Abhängigkeit von Jesus nicht unfrei sondern frei. Sie befreit uns von dem Zwang, uns ständig selbst rechtfertigen zu müssen, um Anerkennung zu finden. Ja, sie schenkt uns sogar die Freiheit, auch einmal auf unser gutes Recht zu verzichten und unbezahlte Schulen nicht um jeden Preis einzufordern – und wenn das aus Liebe geschieht, werden wir dadurch nicht ärmer sondern reicher.

Jesus erschließt uns die überdimensionale Gnade Gottes und will sie uns auch anhand dieses Gleichnisses nahebringen. Der Abstand zwischen dem königlichen Gläubiger und dem untreuen Knecht ist nicht zuletzt deshalb so extrem gewählt, um uns deutlich zu zeigen, wie gütig sich der Herr verhält.

Allein die Zahlen sprechen für sich: Eine Schuldensumme von 10.000 Zentnern Silber entspricht umgerechnet 50 Millionen Silbergroschen oder Denaren. Ein Denar (altrömische Münze) aber war zur Zeit Jesu der durchschnittliche Tageslohn.

Wenn der Schalksknecht verzweifelt um Geduld bittet, weil er alles zurückzahlen will, so sieht man, dass er völlig den Überblick verloren hat, dass er gar nicht mehr weiß, um was er hier eigentlich bittet, weil diese Summe in einem normalen Arbeitsleben einfach nicht zurückgezahlt werden kann.

Wenn er Sommer und Winter 50 Jahre lang fast ununterbrochen arbeitet, kommt er auf knapp 15.000 Silbergroschen, von denen er und seine Familie ja auch noch leben müssen.
Anders ausgedrückt: Er müsste theoretisch ein Arbeitsleben von 166 000 Jahren haben, um diese Summe zu verdienen. Dem gegenüber kann man die 100 Silbergroschen, die ihm sein Mitknecht schuldet, glatt vergessen.

Der König weiß sofort: Hier gibt es nur entweder vollkommene Gnade oder lebenslange Unfreiheit. Er schenkt spontan diese vollkommene Gnade und damit mehr als sein Schuldner erbittet – ohne Rückversicherung – allein aus Erbarmen.

Damit hätte der Schalksknecht für sich und seine Familie ein ganz neues Leben beginnen können – und macht doch durch seine eigene Unbarmherzigkeit alles zunichte.
Er hat offensichtlich noch gar nicht begriffen, was für eine unerhörte Gnade ihm da zuteil wurde, und so muss er es in einem sehr harten Lernprozess erfahren.

Die Auslieferung an seine Peiniger und die damit verbundene Verurteilung zu Zwangsarbeit ist wesentlich härter als es ein Leben als ‚Schuldsklave' gewesen wäre. Es gab im alten Israel ganz klare Regelungen für Sklaven, die mit ihren Familien wegen unbezahlter Schulden in diese Situation gerieten. Sie wurden durchaus ehrenhaft behandelt. Diese Rücksicht entfällt jetzt. Sein Herr rechnet mit ihm nicht nur vergangene Schulden ab, sondern insbesondere sein erbarmungsloses Verhalten gegen seinen Mitknecht. Diese Schuld muss er allein tragen. Seine Familie wird diesmal nicht mit einbezogen.

Es heißt nun nicht – wie in einigen anderen Gleichnissen – dass der Schalksknecht für immer in die ewige Verdammnis geworfen wird. Aber Jesus sagt uns hier mit großem Ernst, dass Gnade auch zurückgenommen werden kann. Der barmherzige Gott ist immer auch der heilige Gott. Daran führt kein Weg vorbei.

Der Schalksknecht muss jetzt Tag für Tag unter schwersten Bedingungen erfahren, wie viel er aus eigener Schuld verspielt hat. Und diese Schuld sinkt pro Tag nur um ein einziges Silberstück.

Aber mit jedem mühsam erarbeitetem Silbergroschen wird er begreifen lernen, was Gnade eigentlich hätte sein können, und er wird in den Händen seiner Peiniger am eigenen Leib zu spüren bekommen, wie viel ein bisschen Barmherzigkeit von Mensch zu Mensch wert ist und was es bedeutet, wenn sie unterbleibt.

Auch in unserer Zeit können wir immer wieder Menschen begegnen, die bezeugen: „Ohne die schweren Umwege in meinem Leben hätte ich nie gelernt, was Barmherzigkeit ist", oder: „Das selbst verschuldete Leid in meinem Leben war ein wichtiger Lernprozess in der Schule Gottes und damit letztlich auch eine Form der Gnade." –

Wissen wir Gottes Gnade in unserem eigenen Leben eigentlich richtig zu schätzen, oder ist sie uns viel zu selbstverständlich?

Haben wir je darüber nachgedacht: Was wir unseren Mitmenschen an Barmherzigkeit schuldig sind, steht in keinem Verhältnis zu Gottes Güte in unserem Leben

Wenn wir das bedenken, sollte es uns eigentlich leicht fallen, immer wieder auf unsere Geschwister zuzugehen, auf Versöhnung hinzuarbeiten und einander nicht nur halbherzig, sondern – wie es in unserem Text heißt – von Herzen zu vergeben.

Doch selbst dieses bisschen Güte müssen wir uns immer wieder neu von Gott schenken lassen, um beten zu können, wie es uns Jesus in seinem Vater-Unser-Gebet gelehrt hat:

> *„Und vergib uns unsere Schuld, wie auch wir vergeben unseren Schuldigern."*

25. Als Gottes Mitarbeiter ...

Der Kreis schließt sich von der Bergpredigt
zum Dienst in einer christlichen Gemeinde

Predigttext:

1. Korinther 3, 9 – 15 (rev. (Lutherübersetzung 1984)

Der Apostel Paulus schreibt an die Gemeinde in Korinth:

Wir sind Gottes Mitarbeiter; ihr seid Gottes Ackerfeld und Gottes Bau.

Ich nach Gottes Gnade, die mir gegeben ist, habe den Grund gelegt als ein weiser Baumeister; ein anderer baut darauf weiter.

Ein jeder aber sehe zu, wie er darauf baut.

Einen anderen Grund kann niemand legen als den, der gelegt ist,
welcher ist Jesus Christus.

Wenn aber jemand auf den Grund baut Gold, Silber, Edelsteine, Holz, Heu, Stroh,
so wird das Werk eines jeden offenbar werden.
Der Tag des Gerichts wird's klar machen;
denn mit Feuer wird er sich offenbaren.

Und von welcher Art eines jeden Werk ist, wird das Feuer erweisen.

Wird jemandes Werk bleiben, das er darauf gebaut hat,
so wird er Lohn empfangen.

Wird aber jemandes Werk verbrennen, so wird er Schaden leiden.

Er selbst aber wird gerettet werden, doch wie durchs Feuer hindurch.

Wenn wir heute in unseren Gemeinden Probleme haben, stellen wir immer wieder fest, dass es dem Apostel Paulus vor fast 2000 Jahren nicht besser ging. Er fühlte sich verantwortlich für alle Gemeinden, die von ihm gegründet worden waren, aber er war meist nicht vor Ort, um bei Schwierigkeiten sofort eingreifen zu können, und Briefe, die durch Boten weitergeleitet wurden, waren auch nicht von einem Tag zum anderen am Ziel. Es war deshalb wichtig, dass er sich auf gewissenhafte Mitarbeiter vor Ort verlassen konnte. An ihr Verantwortungsbewusstsein appelliert er auch mit großem Ernst im 1. Korintherbrief.

Obwohl unsere Kommunikationswege heute sehr kurz sind, kommt uns diese Situation durchaus bekannt vor.

Wenn uns unser Predigttext Hilfe und Ermahnung sein soll, so stellt sich zunächst die Frage:

Wie war damals die Situation der Korinther, an die sich Paulus in seinem Brief wendet? Korinth war zur Zeit. des Apostel Paulus eine aufblühende Handelsstadt und gleichzeitig römische Provinzhauptstadt. Das alte Korinth der klassischen griechischen Geschichte war 146 v. Chr. von den Römern auf barbarische Weise zerstört worden. Es wurde seiner Kunstschätze beraubt und die überlebenden Menschen in die Sklaverei geführt. 100 Jahre später befahl Julius Cäsar den Wiederaufbau Korinths, denn Korinth hatte als Hafenstadt eine besonders günstige strategische Lage.

Jetzt siedelten sich hier Menschen aus dem ganzen römischen Reich an, also praktisch aus aller Herren Länder. Sie brachten ihre eigene Kultur mit und eine Vielzahl religiöser Kulte, überwiegend hellenistischer und orientalischer Prägung. Es gab auch eine Synagoge von Juden, die aus Rom ausgewiesen worden waren. Dass es in dieser multikulturellen und multireligiösen Gesellschaft auch starke soziale Gegensätze gab, kann man sich gut vorstellen. Außerdem besaß Korinth einen schlechten Ruf wegen seiner Sittenlosigkeit.

Es ist erstaunlich, dass in dieser Vielfalt nun auch noch eine christliche Gemeinde Fuß fassen konnte. Aber Paulus kam eben nicht als irgend ein neuer Weltverbesserer unter vielen, sondern im Auftrag seines Herrn Jesus Christus und mit der Vollmacht des Heiligen Geistes. Das sind große Worte. Aber Paulus hat sich bei aller Bescheidenheit immer darauf berufen, und das trägt letztlich dazu bei, dass seine Briefe an die Gemeinde in Korinth auch heute noch für uns von Bedeutung sind und in unserer zunehmend multikulturellen und multireligiösen Gesellschaft sogar mehr denn je.

Im Gegensatz zu uns war das Christentum für die Korinther etwas völlig Neues. „Unmündige Kinder“ nennt sie Paulus. – Menschen, die noch lernen müssen, mit diesem christlichen Glauben verantwortungsbewusst zu leben. – Menschen, die zum Teil immer wieder in alte vorchristliche Verhaltensweisen zurückfallen oder im Gegensatz dazu geradezu überschwänglich religiös reagieren.

„Unmündige Kinder“ kann man auch heute viele Christen nennen, die sich gar nicht mehr bemühen, die Grundlagen ihres Glaubens kennenzulernen, sondern sie als überholt empfinden.

Zur Zeit des 1. Korintherbriefes, den Paulus wahrscheinlich im Jahr 55 n. Chr. von Ephesus aus schrieb, ist die Gemeinde gerade 5 Jahre alt. Paulus selbst hat l 1/2 Jahre dort gewirkt. Danach wurde der Judenchrist Apollos aus Alexandria sein Nachfolger. Aber auch er ist nicht mehr da, und so wird die Gemeinde durch drei Gemeindevertreter, die am Schluss des Briefes namentlich genannt werden, und durch freiwillige Dienste zusammengehalten. Die Gemeindevertreter wussten, dass sie sich im Zweifelsfall mit ihren Fragen an Paulus wenden konnten, und so war es möglich, dass die Gemeinde überlebte. Paulus nimmt zu allen Fragen der Korinther Punkt für Punkt Stellung. Aber er macht sich frei von dem Gedanken, alles selbst tun zu müssen und er will auch die Gemeinde zu einer verantwortungsvollen Selbständigkeit führen. Paulus geht zunächst energisch gegen jeden Personenkult vor. Um sich so zurückzunehmen, dazu gehört viel Selbstdisziplin.

legen. Nach dieser Klarstellung setzt unser Predigttext ein, und er ist reich an Bildern. Ähnliche Bilder hat auch Jesus schon verwendet sowohl in seiner Bergpredigt als auch in seinen Gleichnissen. Aber bei Jesus sind sie klarer strukturiert. Bei Paulus laufen sie etwas ineinander. Wahrscheinlich will er zu viel gleichzeitig überbringen.

Da ist als erstes das Bild von der Gemeinde als Gottes Ackerfeld und Gottes Bauwerk und im selben Kapitel auch noch als Gottes Tempel. Das bedeutet aber für die Gemeindeglieder nicht Passivität, sondern alle sind zur Mitarbeit aufgerufen. Das Bild von Gottes Ackerfeld gehört zu der Feststellung: Paulus hat gepflanzt, Apollos begossen, aber Gott hat das Gedeihen gegeben. Pflanzen und begießen sind gleich wichtig. Belohnt wird der persönliche Einsatz unabhängig vom Erfolg, der allein in Gottes Hand liegt. Damit ist dieses Bild abgeschlossen.
Ohne Absatz folgt das Bild vom Bauwerk. Und jetzt kommt der entscheidende Satz, auf dem Paulus' ganze Verkündigung beruht: Das Fundament unseres Glaubens ist Jesus Christus. „Jesus Christus, gestern und heute und derselbe auch in Ewigkeit!“ – einen anderen Grund kann niemand

Wir haben Paulus viel zu verdanken, dass er das so klar herausgestellt hat, nicht nur an dieser Stelle sondern in seiner ganzen Verkündigung – in allen Zeugnissen, die uns von ihm überliefert sind. Und das ist nicht seiner eigenen Fantasie entsprungen, sondern Gottes Gnade ist es, die ihn zu dieser Verkündigung berufen hat. Von Gott beauftragt kann er sich als ein weiser Baumeister bezeichnen. Das Bild vom Hausbau ist für uns nicht neu, denn Jesus schließt seine Bergpredigt mit diesem Bild ab: *„Wer diese meine Rede hört und tut sie, der ist wie ein kluger Mann, der sein Haus auf Felsen baute ...“*.

Aber die Bergpredigt steht erst am Anfang von Jesu irdischem Leben. Für Paulus ist Jesus inzwischen der Gekreuzigte, den Gott durch seine Auferstehung mit allem, was Jesus gelehrt hat, voll bestätigt hat.

Was ist nun das Besondere an Jesus im Vergleich zu anderen Religionsstiftern? Was macht ihn zum Fundament unseres Glaubens?

Nicht nur im Dialog mit Fremdreligionen wird von uns eine Antwort erwartet, sondern wir sind sie auch unseren eigenen Kindern schuldig. Im Religionsunterricht lernen sie heute oft mehr über den Islam und den Buddhismus als über ihre eigenen Glaubensgrundlagen.

In einer christlichen Gemeinde müssen wir uns gegenseitig helfen, klare Antworten zu finden, die auch weitergabefähig sind.

Dabei kann es durchaus hilfreich sein, wenn wir überprüfen ‚was glauben die anderen’. weil wir erst dadurch erkennen, wie gut wir es als Christen haben. Mir selbst ist klar geworden, dass nur unser christlicher Glaube einen „Erlöser“ kennt, der uns Gottes Liebe so bedingungslos nahegebracht hat, dass er dafür den Tod am Kreuz auf sich genommen hat. Einen persönlichen Erlöser kennen andere Religionen nicht.

Aber unser Problem ist heute vielfach die Frage: „Brauchen wir denn überhaupt einen Erlöser? Ist Sünde nicht ein altmodischer Begriff, der uns nur psychologisch unter Druck setzt?“ –

Ich habe im Urlaub eine beeindruckende Selbstdarstellung der Aleviten gelesen. Es handelt sich dabei um eine sehr sympathische Fremdreligion, zu der sich etwa 20% der Türken bekennen. Sie glauben, dass der Mensch gut ist, weil Gott ihn als sein Ebenbild geschaffen hat, und deshalb bemühen sie sich, das Göttliche im Menschen selbst zur Entfaltung zu bringen, ja den vollkommenen Menschen zu erreichen. Das bedeutet, den Egoismus in sich zu bekämpfen, absolute Gewaltfreiheit und Nächstenliebe – also Werte, die auch uns wichtig sind.

Aber wir glauben nicht, dass der Mensch von sich aus gut ist und mit eigenen Anstrengungen immer vollkommener werden kann. Wir wissen um eine gefallene Schöpfung, die nicht wir, sondern Gott zum Ziel führen wird, und wir sind überzeugt, dass Gott uns von sich aus in Jesus die Hand zur Versöhnung reicht.

Wir glauben an keine Selbsterlösung des Menschen, und wir müssen nicht mit unseren Anstrengungen und Opfern versuchen, Gott gnädig zu stimmen, Damit unterscheiden wir uns grundsätzlich von anderen Religionen und Weltanschauungen. Christen zeichnen sich nicht dadurch aus, dass sie die besseren Menschen sind, sondern dass sie wissen, dass ihnen Gottes Gnade und Vergebung geschenkt wird. Die ethischen Bemühungen anderer Weltanschauungen verdienen Respekt, aber sie haben auch ihre natürlichen Grenzen.

Vor einiger Zeit traf ich in einer Buchhandlung eine ehemalige Krankenschwester unserer Klinik, die immer viele Probleme hatte, mit sich selbst ins Reine zu kommen und dabei oft bei anderen aneckte. Jetzt strahlte sie übers ganze Gesicht und erzählte mir, dass sie zu ganz neuen Erkenntnissen auf dem Wege zu einem höheren Bewusstsein vorgestoßen sei. Das war durch eine der ostasiatischen esoterischen Weisheitslehren möglich geworden. Erste Voraussetzung dafür war allerdings, dass sie sich ganz frei machte von allen Bindungen, und deshalb hatte sie sich von ihrer Familie mit 3 Kindern getrennt, die auf diesem Wege nur ein Hindernis waren. Ich war darüber sehr erschrocken; denn sie war nun schon die dritte Bekannte, die aus diesem Grunde ihre Ehe aufgegeben hatte. Aber bei ihr war es besonders tragisch: Nur 3 Wochen nach unserem Gespräch hörte ich, dass sie sich mit Schlaftabletten das Leben genommen hatte. Sie war an dem Bemühen, sich selbst erlösen zu wollen, zerbrochen, obwohl sie bei unserem Gespräch so glücklich wirkte. –
Wir bekennen, dass wir nicht aus eigener Vernunft noch Kraft an Jesus Christus, unseren Herrn, glauben oder zu ihm kommen können, sondern es ist ein Geschenk, das der Heilige Geist in uns bewirkt, wenn wir bereit sind, uns ihm zu öffnen. Das allerdings hat Konsequenzen für unser Leben und für unsere Verkündigung. Wir haben einen klaren Auftrag als Mitarbeiter Gottes. Das „Was“ ist vorgegeben: Jesus Christus, das Fundament unseres Glaubens. „Wie“ wir darauf aufbauen, dafür ist allerdings jeder selbst verantwortlich. Das Positive an dieser Aussage ist für alle, die im Verkündigungsdienst stehen: Wir brauchen uns nicht zu verbiegen, sondern haben das Recht, unseren eigenen Stil zu finden. Wir können von guten Vorbildern lernen, aber wir brauchen nicht eifersüchtig auf sie zu sein. Wenn man gute Vorgänger/innen oder Nachfolger hat, ist das oft leichter gesagt als getan. .

Die Gemeinde in Korinth wird dringend davor gewarnt, Mitarbeiter gegeneinander auszuspielen.

In unserer Methodistischen Kirche, in der Theologen und Laien gleichberechtigt zusammenarbeiten, hat die Vielseitigkeit, die dadurch entsteht, einen hohen Stellenwert.

Wie wir das Evangelium überbringen, welche Erfahrungen wir einbauen – im Bild: welches Baumaterial wir verwenden – haben wir allerdings vor Gott zu verantworten – und hier wird unser Text sehr ernst. Gott wird einmal Rechenschaft von uns fordern. Können dann unsere Worte im „Feuer des Gerichts" bestehen? Paulus verwendet hier ein Bild, das nicht von ihm stammt, sondern Bezug nimmt auf den Propheten Maleachi, im letzten Buch im Alten Testament.

Es ist ein Gerichtswort Gottes an alle Priester, die damals ihr Amt nicht gewissenhaft ausübten. Das betraf besonders den Opferdienst. Die Priester scheuten sich nicht, fehlerhafte, minderwertige Tiere zu opfern, was nach dem Gesetz Moses ausdrücklich verboten war. Durch diese Nachlässigkeit zeigten sie, dass sie Gott nicht ernst nahmen. Das war besonders schwerwiegend, weil sich damals gerade abzuzeichnen begann, dass sich die heidnische Völkerwelt dem einen wahren Gott zuwenden wollte, um ihn zu verehren.

Paulus entdeckte hier Parallelen zu den Korinthern, die in ihren Reihen Missstände duldeten, die die neue Religion unglaubwürdig machten – gerade jetzt, wo es darauf ankam, dass die Gemeinde für Außenstehende einladend wirken sollte. Parallelen bestehen auch zu unserer Zeit, wo Menschen mehr denn je nach einem Sinn des Lebens suchen. Wenn wir an Gottes Liebe glauben, dürfen wir diesen hilfreichen Glauben nicht vor anderen verstecken, sondern sollten ihn mit Freude vertreten.

Freude ist ohne Zweifel ein besonders wertvoller Baustoff für unsere Verkündigung – keine oberflächliche, aufgesetzte Fröhlichkeit, sondern Freude mit Tiefgang. Auch Paulus kannte diese Freude. Er spricht sie in jedem seiner Briefe an. Aber er wusste eben auch, dass die Freude am Glauben nur trägt, wenn die christliche Botschaft nicht verwässert wird und Jesus wirklich das Fundament bleibt. Deshalb das Bild von den verschiedenen Baustoffen, die auf ihren Wert und ihre Beständigkeit geprüft werden.

In Laienpredigerkursen gibt es immer wieder Teilnehmer/innen, die Angst davor haben, der Verantwortung nicht gewachsen zu sein. Manche treten deshalb sogar zurück. Aber ich glaube, wenn das Motiv unseres Predigens nicht persönliche Eitelkeit ist, wenn wir nicht uns selbst sondern Christus verkündigen wollen und bei unserer Predigtvorbereitung auch das Gebet nicht vergessen, dann können wir alles weitere getrost Gott überlassen. Wenn jemand jedoch sein Amt bewusst missbraucht, um Gemeindeglieder vom Glauben abzubringen – das wird Gott nicht durchgehen lassen, dafür ist ihm seine Gemeinde zu wertvoll.

Bleiben wir noch einmal bei den Baumaterialien, die Paulus hier anführt. Machen wir uns nichts vor: Keines von ihnen ist wirklich feuerfest, und moderne Baustoffe – wie Beton – haben wieder andere Nachteile.

Gold und Silber sind zwar wertvoll und können im übertragenen Sinne unseren Worten Glanz verleihen, aber sie schmelzen im Feuer.

Die wertvollsten Edelsteine – Diamanten – bestehen aus reinem Kohlenstoff und würden im Nu verbrennen, obwohl sie sonst steinhart sind.

Holz ist ein solides Baumaterial, aber auch ein guter Brennstoff.

Ja selbst Stroh hat eine gewisse Berechtigung als Baustoff.

Im Burgenland kenne ich ein malerisches Dorf mit strohgedeckten Häusern, die schon Jahrhunderte alt sind. Sie haben schon viele Unwetter überstanden. Sogar Blitze konnten sie nicht zerstören, wenn die Dächer vom Regen nass waren. Aber ein Feuer bei Trockenheit würde sie sicher sofort vernichten. Und das Wort „Strohfeuer" für kurzfristige Begeisterung ist uns ja allen bekannt.

Diese Bilder weisen darauf hin, dass unsere Verkündigung immer unvollkommen sein wird. Wir tragen den Schatz des Evangeliums „in irdenen Gefäßen", wie Paulus an anderer Stelle sagt.

Wenn wir aber einmal erleben, dass unsere Worte auf fruchtbaren Boden gefallen sind, dann ist das für uns der größte Lohn und eine ganz besondere Freude.

Quellenverzeichnis

Es gehört für mich zu jeder Predigtvorbereitung, zunächst einmal sehr viel Literatur zu dem jeweiligen Predigtthema zu studieren und auch verschiedene Bibelübersetzungen zu vergleichen. Ich habe daraus viele wichtige Anregungen entnommen, jedoch in der vorliegenden Predigtauswahl bewusst wenig zitiert.

A Allgemeine theologische Literatur, mit der ich ständig gearbeitet habe:

Stuttgarter Erklärungsbibel – rev. Lutherübersetzung 1984
Deutsche Bibelgesellschaft Stuttgart

Stuttgarter Altes und Neues Testament mit Kommentar, Einheitsübersetzung,
Katholische Bibelanstalt Stuttgart

Walter Klaiber / Manfred Marquardt „Gelebte Gnade“
Christliches Verlagshaus Stuttgart

Evangelischer Erwachsenen Katechismus, Gütersloher Verlagshaus

Evangelisches Lexikon für Theologie und Gemeinde,
R. Brockhaus-Verlag, Wuppertal

Das große Bibellexikon, Verlage R. Brockhaus – Brunnen

Bauer Bibeltheologisches Wörterbuch, Styria Verlag Graz . Wien . Köln

EKK F. Bovon Evangelium nach Lukas, Verlage Benzinger – Neukirchener

Ludgar Schenke Johanneskommentar, Patmos Verlag, Düsseldorf

Herders Theologische Kommentare zum Neuen Testament,

B Literatur zu bestimmten Predigen

Zu 1 Bergpredigt

John Wesley „Allein dieser Weg“; Christliches Verlagshaus Stuttgart

Eduard Schweizer „Die Bergpredigt“, VR Kleine Vanderhoek-Reihe

Bibelarbeit und Gemeinde: „Bergpredigt“, Verlage F. Reinhardt – Benzinger

Zu 7 Verfluchung des Feigenbaums

Rudolf Pesch, Das Markusevangelium, Herders Theologischer Kommentar
Joachim Gnilka, Das Matthäusevangelium, Herders Theologischer Kommentar

Klaus Berger / Christiane Nord „Das Neue Testament und frühchristliche Schriften“,
Insel-Verlag

Ernst Lohmeyer: Auszüge aus seinem Kommentar zum Matthäus-Evangelium

Zu 10 Gethsemanae

Elisabeth Kübler-Ross: „Interviews mit Sterbenden“ Kreuz-Verlag Stuttgart

Zu 11 Das Wort vom Kreuz
Hauptquelle: Hans-Joachim Dachsel: „Für dich gestorben –Nachdenken über Karfreitag und Ostern“ Ev. Verlagsanstalt Leipzig
(daraus Gedanken übernommen nach persönlichem Briefwechsel mit dem Verfasser)

Gerhard Barth „Der Tod Jesu Christi im Verständnis des Neuen Testaments“ Neukirchener Verlag

Hans Jürgen Baden „Glaube und Energiekrise“, Aurum Verlag

Loccumer Protokolle 59/08: „Das Kreuz mit dem Kreuz“
– persönliche Teilnahme an dieser Tagung

Zu 13 Offenbarung des Johannes
Kommentar zur Einheitsübersetzung

Helmuth James von Moltke Letzte Briefe, Karl H. Hennsel Verlag Berlin

Karl Dorpus „Jeden Tag bist du gerufen“ (Spiellegende)
Deutscher Laienspiel-Verlag Weinheim/Bergstraße

Zu 14 Das Lob Gottes

Jörg Zink „Erfahrungen mit Gott“, Kreuz-Verlag Stuttgart

Hans-Joachim Dachsel „Freude im Gegenwind“ Quell Verlag Stuttgart

Zu 17 Dreieinigkeit Gottes

Bernhard Lohse „Epochen der Dogmengeschichte“ Kreuz-Verlag Stuttgart

Evangelischer Erwachsenenkatechismus Gütersloher Verlagsanstalt

Adrian Plass „Andromedas Briefe“ Brendow Verlag

Zu 18 über 2. Mose 3, 11/12

Dietrich Bonhoeffer „Widerstand und Ergebung“ Chr. Kaiser-Verlag München
(heute übernommen vom Gütersloher Verlagshaus)

Atlas der Weltreligionen, Buchgemeinschaft Donauland Kremayr & Scherau, Wien Bertelsmann Club, Gütersloh, und angeschlossene Buchgemeinschaften

Zu 21 Verkündigung der Engel

EZW-Texte Impulse Nr. 32: Uwe Wolff „Die Wiederkehr der Engel

Dietrich Mann „...euch ist heute der Heiland geboren“ Edition Sonnenweg

hier ebenfalls Dietrich Bonhoeffer „Widerstand und Ergebung“

Zu 22: Gleichnis von den 10 Jungfrauen

Klaus Berger „Wie ein Vogel ist das Wort“ Quell-Verlag Stuttgart

Georg Baudler „Jesus im Spiegel seiner Gleichnisse“ Verlage Calwer – Kösel

Zu 23 Gleichnis vom „Ungetreuen Verwalter“
hier ebenfalls Georg Baudler „Jesus im Spiegel seiner Gleichnisse“

Printed by Books on Demand GmbH, Norderstedt / Germany